DIE REIHE
Archivbilder

DIE CHARLOTTENBURGER
ALTSTADT

Hier sehen wir das Zentrum Charlottenburgs im Jahre 1857 auf einem Plan aus Wilhelm Gundlachs Buch zum Stadtjubiläum 1905. Im Osten beginnt die Stadt damals gerade, über den Bereich der Altstadt zum „Knie", dem heutigen Ernst-Reuter-Platz, hinauszuwachsen.

DIE REIHE
Archivbilder

DIE CHARLOTTENBURGER
ALTSTADT

Stephan Brandt

SUTTON
VERLAG

Das erhaltene Haus an der Wilmersdorfer Straße/Ecke Haubachstraße ist seit Jahrhunderten im Besitz der Ackerbürgerfamilie Peters. Bis weit ins 19. Jahrhundert war die Altstadt Charlottenburgs umgeben von Feldern, die den Hauptertrag vieler Bürger der kleinen Stadt Charlottenburg lieferten. Nur wenige dieser Häuser, die bis zur Mitte des 19. Jahrhunderts das Stadtbild dominierten, sind heute noch erhalten. Ein vermutlich noch älteres Ackerbürgerhaus finden Sie auf Seite 91.

Sutton Verlag GmbH
Arnstädter Straße 8
99096 Erfurt
www.suttonverlag.de
Copyright © Sutton Verlag, 2011
3. Auflage, 2021

ISBN: 978-3-86680-861-4
Druck: Books on Demand GmbH, Norderstedt, Deutschland

Inhaltsverzeichnis

Bildnachweis, Danksagung und Literaturnachweis

Klaus Hartmann: S. 98 unten; **Werner Jockeit:** S. 20 unten, 21 oben und unten, 42 oben, 43 unten, 45 unten, 78, 92 oben und unten, 94 unten, 103 oben, 113 unten; **Marion Kuhle:** S. 60 unten; **Matthias Lorenzen:** S. 40 oben, 41 oben, 51 oben, 109 unten, 114 oben und unten, 116 oben, 117 oben; **Landesarchiv Berlin (F Rep. 290):** S. 4 unten (0201592), 94 oben (04 CHA/201673), 99 oben (01 WR 4/91733).

Allen Leihgebern, die mir großzügig ihre Bilder überlassen haben, bin ich sehr zu Dank verpflichtet. Klaus Bathe-Peters und Werner Jockeit gaben mir wertvolle Hintergrundinformationen zu den Abbildungen. Ein ganz besonderer Dank gilt Dorothea Zöbl, Harald Marpe und Matthias Lorenzen, die Teile meines Manuskripts kritisch gelesen und kenntnisreich ergänzt haben. Schließlich danke ich meiner Familie, die am Wochenende tapfer die Literaturberge im Wohnzimmer überstieg und meiner Mutter für die Hilfe bei der Entzifferung alter Handschriften auf den Ansichtskarten.

J. W. BAIRD: *To die for Germany. Heroes in the Nazi pantheon*, Bloomington 1992.

E. BRÜCKER: *Soziale Fragmentierung und kollektives Gedächtnis*, in: Wohnungspolitik und Städtebau 1900–1930 (Hrsg: W. Hofmann, G. Kuhn), Berlin 1993.

J. K. VON ENGELBRECHTEN / H. VOLZ: *Wir wandern durch das nationalsozialistische Berlin*, München 1937.

E. FISCHER: *Erzählungen aus der Geschichte Charlottenburgs*, Berlin 1955.

I. FRITSCH: *Leben am Lietzensee*, Berlin, 2002.

H.-J. FOHSEL: *Das Volkshaus der Charlottenburger SPD*, Berlin 1995.

H. ENGEL / S. JERSCH-WENZEL / W. TREUE: *Charlottenburg Teil 1 – Die Historische Stadt*, Berlin 1986.

W. GUNDLACH: *Geschichte der Stadt Charlottenburg*, 2 Bde., Berlin 1905.

A. D. HAGEDORN: *Wilhelmine von Lichtenau (1753–1820)*, Köln 2007.

H. HÜLSBERGEN (HRSG.): *Charlottenburg ist wirklich eine Stadt*, Berlin 1987.

B. JOCHENS / D. HÜNERT: *Von Tonwaren zum Olympiastadion. Die Berliner Familie March*, Berlin 2000.

KIEZBÜNDNIS KLAUSENERPLATZ: *Geschichtsstationen Klausenerplatz*, Berlin 2008.

W. KRAATZ: *Geschichte der Luisengemeinde zu Charlottenburg*, Charlottenburg 1916.

H. KRÜGER: *Der Kurfürstendamm*, Hamburg 1982.

D. LAND / J. WENZEL: *Heimat, Natur und Weltstadt. Leben und Werk des Gartenarchitekten Erwin Barth*, Leipzig 2005.

H. MARPE: *Die Kammertürken-Häuser. Frühe Bebauung der Schloßstraße*, Berlin 2010.

H. MAY: *Einst eine Zierde der Residenz*, Berlin 1992.

S. MILTENBERGER: *Charlottenburg in historischen Karten und Plänen*, Berlin 1998.

J. PETERSEN: *Unsere Straße*, Berlin und Weimar 1967.

B. SAUER: *Goebbels Rabauken*, in: Jahrbuch des Landesarchivs, Berlin 2006.

D. SCHENK: *Auf dem rechten Auge blind. Die braunen Wurzeln des BKA*, Köln 2001.

G. SCHOLTZE: *Die Villa Oppenheim in Charlottenburg*, in: Mitteilungen des Vereins für die Geschichte Berlins; 93 (1997).

D. SCHÜTTE: *Charlottenburg*, Berlin 1988.

I. WIRTH, P. O. RAVE: *Bauwerke und Kunstdenkmäler von Berlin, Stadt und Bezirk Charlottenburg* (2 Bde.), Berlin 1961.

H.-W. WÖRMANN: *Widerstand in Charlottenburg*, Berlin 1991.

D. ZÖBL: *Siemens in Berlin*, Berlin 2008.

Rund um den Klausenerplatz, Berliner Geschichtswerkstatt, Berlin 1989.

Städtisches Elektrizitätswerk Charlottenburg, Frankfurt, nach 1900.

Charlottenburg. Vom Idyll zur Großstadt, Begleitheft zur Ausstellung, Berlin 1987.

Führer durch Charlottenburg für den XV. Feuerwehrtag 9.–12. Juli 1898.

Nachrichtenblatt Haus Ottilie von Hansemann, Nr. 3, Berlin 1929.

Sturm 33, Hans Maikowski, 1. und 7. Auflage, Berlin 1934.

Einleitung

Die historische Altstadt Charlottenburgs bestand aus drei Bereichen. Die eigentliche Altstadt hatte einen westlichen Teil an der Schloßstraße, an der zunächst das Personal aus dem Schloss Charlottenburg angesiedelt wurde, und einen östlichen Teil, der wichtige Bereiche der Infrastruktur besaß, wie die Kirche und den Marktplatz, den heutigen Richard-Wagner-Platz. Getrennt waren beide durch ein sumpfiges Gebiet um den Schwarzen Graben, durch den auch der Lietzensee zur Spree entwässerte. Der dritte und älteste Teil, das ehemalige Dorf Lietzow oder Lützow, liegt nordöstlich des Richard-Wagner-Platzes. Die Bebauung und Straßenführung separiert noch heute diesen Teil vom Rest der Altstadt.

Die Keimzelle der Stadt Charlottenburg ist das gleichnamige Schloss. Der zentrale Bereich des Schlosses entstand ab 1695 als Sommerschloss Lützenburg für Sophie Charlotte, die Gattin des Markgrafen Friedrich III. von Brandenburg, der sich 1701 selbst zum König Friedrich I. in Preußen krönte. Die schöngeistige Sophie Charlotte verkehrte mit vielen Künstlern und Gelehrten ihrer Zeit. Gottfried Wilhelm Leibniz war regelmäßiger Gast an ihrem Hof. Erst nach ihrem Tode 1705 verlieh Friedrich ihr zu Ehren dem Schloss den Namen Charlottenburg. Die angrenzende kleine Siedlung erhielt ebenfalls diesen Namen und das Stadtrecht. Sie wurde nach einem Plan des Hofbaumeisters Eosander von Göthe aus dem Jahr 1706 mit einem rechtwinklig angelegten Straßennetz erweitert. Das Dorf Lietzow wurde 1719 nach Charlottenburg eingemeindet. Die damaligen Umrisse der Stadt, der heutigen Altstadt, veränderten sich, trotz eines beträchtlichen Bevölkerungszuwachses, über die folgenden 130 Jahre kaum.

Bis in die zweite Hälfte des 19. Jahrhunderts waren viele Charlottenburger sogenannte Ackerbürger. Obwohl sie in der Stadt wohnten, lebten sie hauptsächlich von der Arbeit auf den umliegenden Feldern. Im 19. Jahrhundert avancierte der Fremdenverkehr zur Haupteinnahmequelle. Eine Gaststätte nach der anderen eröffnete vor allem entlang der Berliner Straße (heute Straße des 17. Juni/Otto-Suhr-Allee), um die sonntags aus der beengten und zunehmend industrialisierten Stadt Berlin nach Charlottenburg strömenden Tagesausflügler zu bewirten. Bald wählten auch wohlhabende Berliner Charlottenburg als Sommerresidenz. So geht in den 1840er-Jahren auch Jettchen Gebert in Georg Hermanns gleichnamigem Roman mit ihrer Tante aus Berlin für den Sommer nach Charlottenburg und mietet sich in ländlicher Idylle am Rande der Altstadt ein, Berliner Straße/Ecke Rosinenstraße (heute Loschmidtstraße). Auch Werner Siemens zog wegen der Lungenkrankheit seiner Frau um 1860 nach Charlottenburg und errichtete 1887 ein Werk am Salzufer. Durch die zunehmende Industrialisierung und dank verbesserter Verkehrsgelegenheiten verlagerte sich der Ausflugsverkehr weiter nach Westen in den Grunewald.

Um das rasante Wachstum Berlins zu kontrollieren, wurde eine vom Regierungsbaumeister James Hobrecht geleitete Kommission damit beauftragt, einen Entwicklungsplan für die Städte Berlin, Charlottenburg und weitere Gemeinden im damaligen Berliner Umland zu entwerfen. Der Hobrecht-Plan von 1862 sah sternförmige Ausfallstraßen und zwei Ringstraßen vor, wobei die dazwischen liegenden Blöcke mit einem weitgehend rechtwinkligen Straßennetz versehen wurden. In einigen Bereichen war die Größe der Waben für den Bau sogenannter Mietskasernen konzipiert, von denen sich Hobrecht eine soziale Durchmischung versprach. Diese fand tatsächlich statt, mit gehobenem Bürgertum im Vorderhaus, dem einfachen Volk im Hinterhaus und kleinen Handwerksbetrieben in den Innenhöfen. Hobrecht sah jedoch nicht voraus, dass zu viele und zu enge Hinterhöfe gebaut würden, von Spekulanten, die auch den letzten Quadratmeter gewinnbringend nutzten. Das beengte Leben in den feuchten, dunklen Hinterhöfen war sehr ungesund.

Der Hobrecht-Plan kam gerade rechtzeitig für einen kontrollierten Ausbau der Stadt Charlottenburg über die Altstadt hinaus, der durch eine regelrechte Bevölkerungsexplosion erforderlich wurde. In der heißen Phase dieser Entwicklung zwischen 1880 und 1900 versechsfachte sich die Einwohnerzahl von 30.000 auf 182.000. Damit herrschte ein ständiger Mangel an Infrastruktureinrichtungen: Die wenigen Schulklassen waren überfüllt, das Rathaus bald viel zu klein, das neu erbaute Krankenhaus war trotz regelmäßiger Erweiterungsbauten ständig überbelegt und selbst die Kirchen waren sonntags oft dem Ansturm der Gläubigen nicht gewachsen. Glücklicherweise war Charlottenburg nach 1875 eine wohlhabende Stadt geworden und konnte gegen die Symptome ankämpfen, freilich ohne die Probleme je zu lösen. Als Charlottenburg 1920 nach Berlin eingemeindet wurde, war es zur größten Stadt der Provinz Brandenburg herangewachsen. Zeitweise war Charlottenburg die Stadt Preußens mit dem höchsten Steueraufkommen pro Kopf. Der Wohlstand rührte jedoch nicht von einer breiten wohlhabenden Bürgerschicht her, sondern von wenigen Superreichen, die die Stadtkasse mit ihren Steuern füllten. Einige der reichsten Charlottenburger unterstützten mit Stiftungen das Sozialwesen ihrer Heimatstadt. Viele von ihnen wohnten, wie die Familie Siemens, an der Berliner Straße nahe des Knies (dem heutigen Ernst-Reuter-Platz), in praktisch jeder Villa dort residierte ein Millionär, während nur wenige hundert Meter entfernt, am Rande der Altstadt entlang der Wallstraße und Rosinenstraße (Zillestr./Loschmidtstr., Kap. 6), Armut herrschte.

Im Zweiten Weltkrieg wurde mehr als ein Drittel der Charlottenburger Wohnhäuser zerstört. Die Schäden waren jedoch recht unterschiedlich verteilt. Während entlang der großen Achsen oft nur wenige Häuser verschont blieben, gibt es dazwischen Quartiere mit nahezu vollständig erhaltener historischer Bebauung. Die auf Sicht fliegenden Piloten der Alliierten orientierten sich gerne an großen Straßen und entsorgten auf dem Heimflug noch schnell die übrig gebliebenen Bomben, die sie bei der Landung nicht mehr an Bord haben wollten.

Durch die Wohnungsnot nach dem Krieg hatte zunächst der Wohnungsbau höchste Priorität. Doch schon bald, in den 1950er-Jahren nicht unumstritten, baute man das zerstörte Schloss und das Rathaus wieder auf, wobei zumindest die Fassaden nach dem Originalzustand rekonstruiert wurden. Im Wohnungsbau war jedoch das genaue Gegenteil der Fall: Beim Füllen der Baulücken fand die angrenzende Gebäudestruktur keine Berücksichtigung. Das Entfernen von Stuckelementen an den Fassaden alter Häuser wurde sogar mit Prämien belohnt. Die Worte, die der Schriftsteller Horst Krüger für den Wiederaufbau des Kürfürstendamms fand, gelten auch für den Wohnungsbau in der Altstadt bis in die 1970er-Jahre: „Man baute zu hastig, zu billig und ganz ohne geschichtlichen Sinn für das Besondere des Orts. Und man tat dies ganz ohne schlechtes Gewissen […]."

Bei der hier vorgestellten Charlottenburger Altstadt handelt es sich um den Bereich, der im Westen von der Nehringstraße (ehemals Scheunenstraße), im Süden von der Zillestraße (Wallstraße), im Osten von der Loschmidtstraße (Rosinenstraße) und im Norden von der Spree begrenzt ist, und der die Ausdehnung Charlottenburgs zwischen 1720 bis in die 1850er-Jahre beschreibt. Begleiten Sie mich nun, von Berlin kommend, auf einem informativen und hoffentlich auch unterhaltsamen historischen Streifzug in die Charlottenburger Altstadt.

1

Entlang der Berliner Straße

Im ausgehenden 19. Jahrhundert besteigen wir am Berliner Kupfergraben die elektrische Straßenbahn, um nach Charlottenburg zu fahren. Wir befinden uns auf der ersten Straßenbahnlinie Deutschlands, die, wie die meisten anderen Linien auch, bis vor Kurzem noch von Pferden gezogen wurde. Durch das Brandenburger Tor erreichen wir den Tiergarten, den wir auf einer breiten, geradlinigen Chaussee durchqueren. Die alte, schlechte Straße hatte König Friedrich Wilhelm III. 1798 aufschütten lassen. Die Charlottenburger Stadtgrenze erreichen wir an der Charlottenburger Brücke, die, noch recht unscheinbar, den Landwehrkanal überspannt. Zur Altstadt liegt noch eine gute Strecke vor uns. Wir fahren entlang der Berliner Straße (heute Straßenzug Straße des 17. Juni/Otto-Suhr-Allee), die am Ernst-Reuter-Platz nach rechts abknickt, worauf sein früherer Name „Knie" verweist.

Berlin aus der Luft.
Knie m. Technische Hochschule.   phot. H. Schümann.

Den ersten Teil unserer Tour sehen wir hier in einer späteren Luftaufnahme. Die schlichte Charlottenburger Brücke ist schon mit dem Charlottenburger Tor rechts oben im Bild aufgewertet worden. Das Knie links im Bild ist als solches nicht mehr gut zu erkennen, da inzwischen die durch den Tiergarten kommende Chaussee durch die breite Bismarckstraße fortgesetzt wird. Sie war um 1900 noch schmal und trug bis 1867 den treffenden Namen Mühlenstraße.

Charlottenburg 14.2.01.

Charlottenburger Brücke

Die Investitionen für die Chaussee wurden bis 1874 an der schwer zu umfahrenden Charlottenburger Brücke wieder hereingeholt. Bei dem von Stüler 1857 erbauten Ensemble zweier Steuerhäuser sehen wir links das Haus des Chausseegeldeintreibers. Im Haus gegenüber auf der Südseite wurde die Mahl- und Schlachtsteuer gleich mit eingezogen.

Charlottenburg. Charlottenburger-Brücke, die schönste Berlins.

Die unscheinbare Charlottenburger Brücke wurde von 1907 bis 1909 durch einen Neubau mit dem von Bernhard Schaede konzipierten Charlottenburger Tor ersetzt. Der Gründer Charlottenburgs, König Friedrich I., und seine Frau Sophie Charlotte, begrüßen als überlebensgroße Bronzefiguren die Reisenden am Eingang zur Stadt. Der Absender der Karte, Leutnant Hardi, meinte 1911, die Brücke sei „die schönste Berlins".

Der Blick von oben auf die gesamte Brückenanlage zeigt auf der Berliner Seite im Vordergrund das Tor und im Hintergrund die Kandelaber. Im Zuge der Planungen für den Ausbau Berlins zur Welthauptstadt „Germania" wurde die Brücke 1937 verbreitert und das Tor versetzt. Das im Krieg schwerbeschädigte Tor baute man in mehreren Etappen wieder auf, die Kandelaber auf der Charlottenburger Brückenseite wurden erst kürzlich rekonstruiert.

Das alte zur Jugendherberge umgebaute Spreeschiff war nach dem langjährigen (1921–29) Berliner Oberbürgermeister Gustav Böß benannt. Wir sehen es am Standort an der Charlottenburger Brücke. 1929 wurden bei 60 Betten und 20 weiteren Lagerplätzen mehr als 12.000 Übernachtungen gezählt. Umseitig berichten im Sommer 1926 zwei Übernachtungsgäste ihrer Familie, dass sie bei gutem Wetter wohlbehalten angekommen seien.

A CHARLOTTENBURG OMNIBUS, BERLIN.

Am 22. Juni 1865 wurde die erste deutsche Pferdebahnlinie vom Brandenburger Tor zur Spandauer Straße (S. 66) eröffnet, wenige Wochen später nach Berlin zum Kupfergraben verlängert. Im Betriebsjahr 1866 wurden fast eine Million Fahrgäste befördert. Im selben Jahr bemerkte eine englische Zeitung als Untertext zu diesem Stich, die Einführung einer Pferdestraßenbahn in London sei wenige Jahre zuvor gescheitert, da die auf der Straße liegenden Schienen den übrigen Verkehr behinderten.

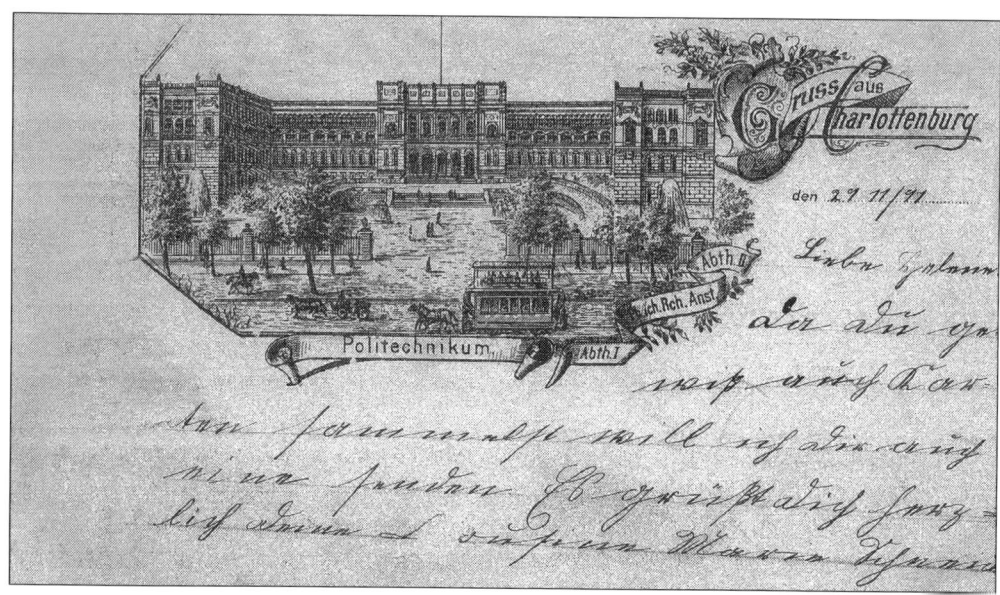

Bald hinter der Charlottenburger Brücke passieren wir das links der Straße liegende Hauptgebäude der Technischen Hochschule (heute Technische Universität), die aus dem Zusammenschluss der 1799 gegründeten Berliner Bauakademie mit der Gewerbeakademie hervorgegangen war. Das hier „Polytechnicum" genannte Hauptgebäude wurde von 1878 bis 1884 errichtet. Nach Zerstörungen im Zweiten Weltkrieg riss man die markante Straßenfront in den 1950er-Jahren ab.

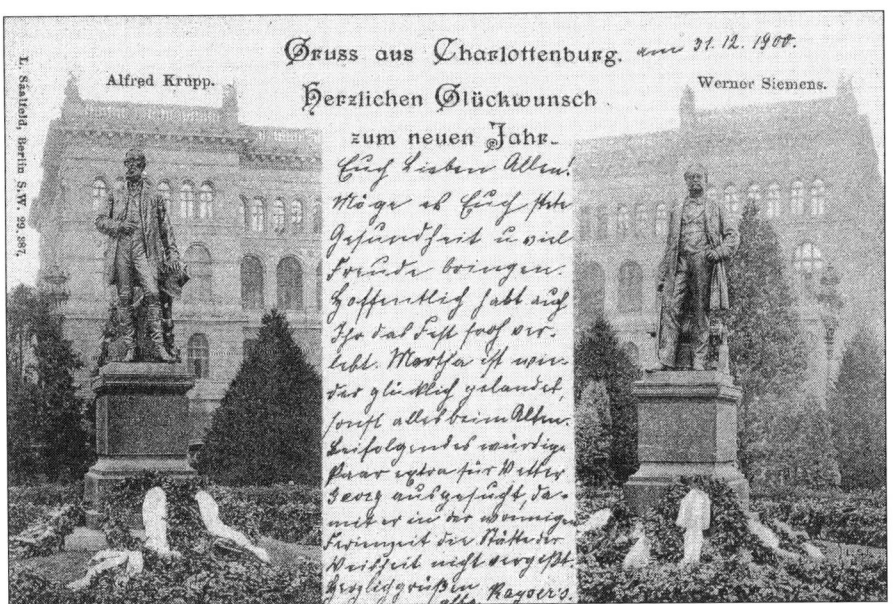

Anlässlich der 100-Jahr-Feier 1899 wurden zwei von Vereinen gestiftete Bronzestandbilder in den Anlagen vor dem Hauptgebäude aufgestellt: „Alfred Krupp" von Ernst Herter, die linke Hand auf einem Kanonenrohr ruhend, sowie „Werner Siemens" von Wilhelm Wandschneider, mit der rechten Hand auf einer Dynamomaschine. Damit sollte wohl die enge Verbindung von Ingenieurswissenschaft und deren Anwendung in Wirtschaft und Militär symbolisiert werden.

Der große Lichthof im Hauptgebäude war reichlich mit Skulpturen und Wandbemalungen ausgeschmückt, die die verschiedenen Wissenschaftszweige symbolisieren. Das Standbild von August Kiss in der Mittelnische zeigt den kurz zuvor verstorbenen Kaiser Friedrich III. in römischer Tracht.

ALT-CHARLOTTENBURG. *Die Töpferei von Ernst March, um 1845. Gemälde v. Ed. Gärtner* 0250-18.

Nördlich der Berliner Straße befand sich ein großes Areal, das sich an der Spree gelegene Industrieanlagen mit den dahinter gelegenen Villen ihrer Besitzer teilten. Einer der ersten Charlottenburger Industriebetriebe war die 1836 gegründete Tonwarenfabrik von Ernst March (1798–1847). Nach seinem Tod wurde der von seiner Frau Sophie weitergeführte Betrieb vor allem für seine Terrakottaprodukte berühmt.

Die Familie March ließ von 1865 bis 1867 vom Architekten Hense ein großes Wohnhaus an der Sophienstraße errichten. In Reiseführern wurde der nahe Figurengarten mit Produkten der Firma den Charlottenburg-Touristen empfohlen. Der jüngste Sohn von Ernst und Sophie March, Otto, und dessen Sohn Werner sind bekannt als Architekten des Berliner Olympiastadions (Werner) und von dessen Vorläufer am gleichen Ort, dem Deutschen Stadion (Otto).

14

Die Firma Pomril siedelte sich um 1900 auf dem nördlichen Gelände der Tonwarenfabrik March an. Wahrscheinlich ist das Bild vor dem Fabrikgelände in der Sophienstraße entstanden. Die nach Sophie March benannte Straße verlief früher parallel zur Marchstraße über das heutige TU-Nordgelände, auf dem zwei alte Villen ohne Straßenanschluss erhalten sind.

Die Firma Pomril produzierte einen schwach schäumenden, alkoholfreien Apfelsaft aus gedörrten Äpfeln, worauf die Firma stolz verweist. Mit den zeitgenössischen Konservierungsmitteln war es schwer, die Gärung von Säften zu verhindern. Ganz alkoholfrei war allerdings nach zeitgenössischen Analysen auch der Pomril-Dörrobstsaft nicht.

Blick vom Knie in die Hardenbergstraße. Die große Freitreppe des runden Eckhauses führt hinauf zum Restaurant „Hippodrom". Der Name verweist auf eine nahe gelegene Reitbahn im Tiergarten, zu der die links neben dem Gebäude abgehende Kurfürstenallee (heute Hertzallee) führte, die heute bereits an der Fasanenstraße endet. Später ersetzte man das Gebäude durch das „Hochhaus am Knie", ein höheres Gebäude mit ähnlicher Formgebung.

Die erste Strecke der im Februar 1902 eröffneten Berliner U-Bahn wurde bereits im Dezember 1902 vom Zoologischen Garten zum Knie verlängert. Hier sieht man den Eingang in der Straßenmitte, links davon das markante Hotel „Fürst Bismarck" und rechts die 1865 für den Bankier Ferdinand Reichenheim erbaute Villa.

In den 1920er-Jahren hatte der Verkehr am Knie zugenommen. Das Hotel erlebte mehrere Besitzer- und Namenswechsel und war nach 1927 das „Grand Hotel am Knie" der sonst für ihre Billiggastronomie bekannten Firma Aschinger. Seit 1941 nutzte es die für die Überwachung der weltanschaulichen Schulung und Erziehung zuständige „Dienststelle Rosenberg" des NS-Chefideologen Alfred Rosenberg.

Kein Haus am Knie überstand den Zweiten Weltkrieg. Der kahle Platz wurde am 3. Oktober 1953 nach dem zwei Wochen zuvor verstorbenen Regierenden Bürgermeister von (West-)Berlin Ernst Reuter benannt. Mitte der 1950er-Jahre wurde das Areal nach einem städtebaulichen Wettbewerb mit einem großen Kreisverkehr versehen und von einem Hochhaus-Ensemble eingerahmt.

Das erhaltene Haus in der Otto-Suhr-Allee 18/20 war unter zwei Namen bekannt: Ottilie-von-Hansemann-Haus und Victoria Studienhaus. Es war in erster Linie als Wohnheim für Studentinnen geplant, nahm aber auch das 1868 gegründete Victoria-Lyzeum auf, das in den rechten Teil des 1915 fertiggestellten Hauses einzog. Ziel des Lyzeums war es, jungen wissenschaftlich interessierten Frauen durch Kurse und Vorträge auf hohem Niveau einen adäquaten Ersatz für ein Hochschulstudium zu bieten.

Die Stifterin Ottilie von Hansemann bei der Grundsteinlegung am 28. April 1914, vor (oder nach) dem ersten Hammerschlag. Rechts neben ihr stehen die ehemalige Leiterin des Victoria-Lyzeums, Alice von Cotta, die neue und langjährige Leiterin des Studienhauses, Ottilie Fleei, sowie die Architektin des Hauses, Emilie Winkelmann, die 1907 die erste selbstständige Architektin Deutschlands wurde.

Das großzügige Haus mit Garten finanzierte Ottilie von Hansemann (geb. von Kusserow, 1840–1919) privat. Sie war die Witwe Adolph von Hansemanns, der als Chef der Disconto-Gesellschaft einer der reichsten Deutschen geworden war. Ottilie von Hansemann hatte Kontakte bis ins Königshaus und war eine einflussreiche Förderin der Frauenrechtsbewegung. Das Lyzeum war nach der Öffnung der Universitäten für Frauen 1908 wohl bei seinem Einzug bereits überholt und stellte bald den Betrieb ein.

Die Aula des Lyzeums im Erdgeschoss mit 300 Plätzen wurde zunächst gelegentlich, später regelmäßig vom Theater „Tribüne" genutzt. Es eröffnete am 20. September 1919 mit zwei Stücken des Expressionisten Walter Hasenclever, hatte am 30. Oktober mit Ernst Tollers Revolutionsstück „Die Wandlung" den Durchbruch und mit zwei Matineen des Berliner „Club Dada" im Dezember 1919 letzte Höhepunkte des experimentellen Theaters. Seitdem wird dort eher die leichte Muse gespielt.

Hier sehen wir das Leben und Schaffen des 1888 geadelten Industriellen Werner von Siemens als Bildergeschichte auf einer Ansichtskarte. Oben rechts ist die Siemens'sche Villa in der Berliner Straße. Für seine lungenkranke Frau hatte er ein riesiges Grundstück in der guten Charlottenburger Luft erworben, auf dem er 1862 die vorhandene Villa umbauen und 1874 bis 1876 von Richard Lucae aufstocken ließ. Seine Frau lebte aber dort nur noch drei Jahre.

Werner von Siemens experimentierte 1879 bei seinen großen Gartenfesten mit elektrischem Licht und ließ dafür eine Dampfmaschine zur Stromerzeugung auf seinem riesigen Grundstück aufstellen. In Briefen berichtet er seinem Bruder, dass die Damenaugen im elektrischen Licht leuchteten und dass er das Publikum durch An- und Ausschalten des Lichts beeindrucken konnte.

Das Hansemann-Heim ist eines der wenigen Gebäude in der heutigen Otto-Suhr-Allee, das den Zweiten Weltkrieg wenig beschädigt überstand. Nach dem Krieg war das Heim behelfsmäßiges Krankenhaus. Ein ehemaliger Patient notiert umseitig den Namen „Krankenhaus am Knie" und, rechts im Bild, „Ruine der Villa Siemens/Heidenkirchhof", womit der Patient wohl auf ein vor 1900 im Garten der Villa gefundenes bronzezeitliches Gräberfeld verweist.

Das Bild aus dem Jahr 1946 zeigt die enormen Schäden entlang der späteren Otto-Suhr-Allee. Die Piloten der alliierten Bomber orientierten sich meist an den großen Straßenachsen. Verbliebene Bomben wurden oft am Anfang des Rückflugs noch schnell entsorgt. So wurden militärisch uninteressante Ziele, wie die Bebauung entlang der Berliner Straße, dem Erdboden gleichgemacht.

Nach der deutschen Einigung 1871 forderten führende Wissenschaftler und der Industrielle Werner Siemens eine zentrale Einrichtung für Präzisionstechnik. Erst spät fand das Verlangen Gehör, nachdem sich Siemens bereit erklärt hatte, den Bau der wissenschaftlichen Abteilung der nun „Physikalisch-Technische Reichsanstalt" (PTR) genannten Institution aus dem Erbe seines verstorbenen Bruders Wilhelm zu finanzieren. Als Grundstück wählte er einen Teil seines riesigen Privatbesitzes zwischen Fraunhoferstraße und Spree.

Das hohe Niveau der deutschen Physik bis zum Zweiten Weltkrieg wurde durch die 1887 eröffnete PTR, an der viele Nobelpreisträger zeitweise forschten, maßgeblich mitbegründet. Mithilfe der von der technischen Abteilung entwickelten Präzisionsgeräte gelang es der wissenschaftlichen Abteilung, Phänomene der Quantenphysik und Relativitätstheorie aufzuspüren und theoretische Berechnungen experimentell zu bestätigen.

Ständige Ausstellung für Arbeiter-Wohlfahrt. Charlottenburg-Berlin

Neben der Physikalisch-Technischen Reichsanstalt wurde 1903 das Gebäude der Ständigen Ausstellung für Arbeiterwohlfahrt und Unfallschutz eröffnet. Im Ersten Weltkrieg demontierte man die ausgestellten Maschinen für Rüstungszwecke. Mühsam rekonstruiert wurde die Ausstellung 1927 in „Arbeitsschutzmuseum" umbenannt, verlor aber zunehmend an Bedeutung. Das 1943 beschädigte Gebäude wurde 1996 restauriert.

Die 1903 eröffnete Ausstellung sollte die aktuellen Möglichkeiten der Unfallverhütung am Arbeitsplatz am Beispiel zeitgenössischer Maschinen zeigen, ebenso Maßnahmen für gesündere Arbeitsbedingungen. Das Gebäude mit Querschiff war aufgebaut wie eine Kirche. Die Ausgestaltung war jedoch die eines Industriegebäudes, das sich mit der Dachverglasung perfekt als Ausstellungshalle eignete. Zeitgenossen nannten es eine „Kathedrale der Arbeit".

Berliner Strasse: Kaiserin Augusta-Gymnasium   *Na und?*   Gruss aus Charlottenburg

Nach dem Tod des Philosophen Johann Gottlieb Fichte 1814 schlossen sich Personen aus seinen Umkreis zusammen, um die Erziehungslehren Fichtes und Pestalozzis in die Praxis umzusetzen. Jeder Lehrer bildete mit etwa fünf Schülern eine kleine Familie. Die nach dem Fichteschüler Ludwig Cauer, dem Hauptfinanzier und Leiter der Schule, benannte Anstalt zog 1826 nach Charlottenburg. Dort hatte Cauer ein Grundstück mit einem großzügigen Restaurantgebäude erworben, das für den Internatsbetrieb um eine Etage aufgestockt wurde.

Kaiserin Augusta-Gymnasium in der Cauerstrasse
CHARLOTTENBURG

Die 1869 zum ersten Gymnasium Charlottenburgs ausgebaute Lehranstalt wurde 1876 zur 50-Jahr-Feier in der „Flora" (S. 110) nach der Gattin Kaiser Wilhelms I. in Kaiserin-Augusta-Gymnasium umbenannt. Oft waren Mitglieder der kaiserlichen Familie bei Musik- oder Theateraufführungen zugegen, die unter dem Direktor und Charlottenburger Stadtchronisten Ferdinand Schultz eine hohe Qualität erreichten. Da die Schülerzahl rapide anstieg, wurde 1901 ein Erweiterungsbau entlang der Cauerstraße eingeweiht, den heute die Ludwig-Cauer-Grundschule nutzt.

Bäckerei
H. Pönichen, Cauerstr. 7
Charlottenburg 1910.

Schräg gegenüber vom Neubau der Schule, an der Ecke Fraunhoferstraße, befand sich die Bäckerei Pönichen. Das Personal, zu dem auch zwei größere Kinder gehörten, präsentiert sich hier in der Backstube.

Hinter der Cauerstraße, die durchgehend von damals modernen Wohngebäuden gesäumt war, erreichen wir das Gebiet der Altstadt, in dem sich um 1900 noch viele alte Häuser mit Neubauten abwechseln.

Das traditionsreichste Lokal in der Berliner Straße war das „Türkische Zelt" hinter der Ecke Rosinenstraße. Seit 1816 trug dort eine Gaststätte diesen Namen, dessen Ursprung nicht sicher rekonstruiert werden konnte. Die jüdische Gemeinde kam bis zum Bau der ersten Synagoge (S. 94) in einem gemieteten Nebensaal unter. Die alten Gebäude riss man 1889 ab und errichtete einen Prachtbau, der im Zweiten Weltkrieg zerstört wurde.

In den großen Sälen des „Türkischen Zelts" fanden über die Jahre hinweg Veranstaltungen der verschiedensten Art statt, von Parteiversammlungen bis zu Boxkämpfen. Auf der 1898 eingebauten Bühne konnte man Theateraufführungen erleben, Filmaufführungen in einem 1910 dafür eingebauten Kinosaal.

Das 1909 eröffnete Cecilienhaus des Vaterländischen Frauenvereins mit seiner Jugendstilfassade war Standort verschiedener Wohlfahrtseinrichtungen. Benannt wurde es nach der jungen Kronprinzessin Cecilie (1886–1954). Beim Betrachten der Straßenansicht ahnt man nicht, dass die 18 Meter breite Fassade nur die Front eines vier Höfe umfassenden Gebäudekomplexes auf einem L-förmigen Grundstück ist. Nur die vorderen Gebäudeteile sind erhalten.

Die Colonialwarenhandlung von Carl Richard Schmidt lag zwischen Wallstraße und Krumme Straße. Bei der im Jahr 1899 versandten Karte finden wir im Fenster einen Verweis auf die große Berliner Gewerbeausstellung 1896 in Treptow und die parallel dazu in Schöneberg stattfindende Deutsche Kolonialausstellung.

Die an der Ecke Krumme Straße gelegene Hof-Conditorei Louis Weise wurde über Jahrzehnte hinweg in Reiseführern den Charlottenburg-Touristen empfohlen. Am rechten Rand der Karte schreibt ein Vater ein langes Gedicht an seine in Schwedt weilende Tochter, die Puppenmutter Lotte.

Zwischen Krumme Straße und Wilhelmplatz befand sich das Gesellschaftshaus in einem der alten Gebäude, mit einem lauschigen Vorgarten an der Berliner Straße. Der Name verweist wohl auf die zahlreichen Räumlichkeiten für Gesellschaften, die angemietet werden konnten.

Gesellschafts-Haus ◦ Inh.: M. Zschiesche ◦ Berlinerstr. 101.

Grosser schattiger Garten. — Fernsprecher: Amt Charlottenburg No. 500.

Grosse u. kleine Säle u. Gesellschaftszimmer, mit Bühne für Hochzeiten u. Vereins-Festlichkeiten.

Moritz Zschiesche, ehemaliger Wirt des Restaurants der Kaiser-Friedrich-Loge (S. 96), übernahm das Lokal um 1904. Dabei verzichtete er auf den Vorgarten, der vermutlich angesichts des gegenüber in Bau befindlichen Rathauses ohnehin nicht nutzbar war und baute die Straßenfront zu einer Geschäftszeile aus, in der neben dem Eingang zum Restaurant auch eine Uhrenhandlung und ein Zigarrengeschäft Platz fanden.

Vereinslokal der Charlottenburger Turngemeinde (gegr. 1858)

Das Gesellschaftshaus war auch Vereinslokal der Charlottenburger Turngemeinde von 1858. Ihr berühmtestes Mitglied, der erste deutsche Olympiasieger Carl Schuhmann, gewann 1896 nach dem Sieg im Pferdsprung noch zwei weitere Goldmedaillen in Turn-Mannschaftswettbewerben und das Ringerturnier. Die Turner bildeten 1868 auch die erste Feuerwehr Charlottenburgs, ausgerüstet mit einer von der Aachen-Münchener Feuerversicherung gestifteten Feuerspritze.

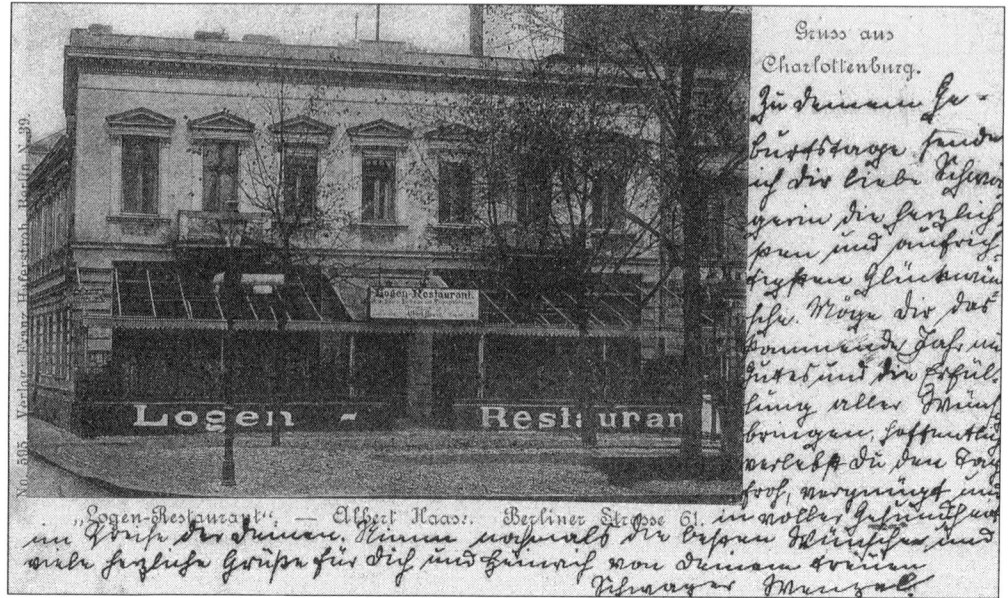

In Luxemburg stationierte preußische Militärs gründeten 1820/21 dort eine Freimaurerloge, die sie nach dem populären, kurz zuvor verstorbenen Marschall Blücher „Blücher zu Wahlstadt" nannten. Nach ihrem Umzug 1867 nach Charlottenburg nutzte die Loge zunächst einen Raum des „Türkischen Zeltes", bevor sie 1871 das nahe Grundstück Berliner Straße/Ecke Kirchhofstraße (Warburgzeile) erwarb und bebaute.

Die Innenansicht des Restaurants wenige Jahre später. Die traditionsreiche Freimaurerloge nutzt heute ein Haus an der Heerstraße in Westend.

Karl Hempel jun. und Jutta Hempel geb. Engelhardt
Hochzeit am 11. Juli 1892 in den Festsälen des Logen Grand Restaurant Charlottenburg.

Diese später gedruckte Ansichtskarte zeigt die Hochzeitsfeierlichkeiten von Karl Hempel im Logenrestaurant. Der Vater Carl, nach dem der Hempelsteig in Ruhleben benannt ist, war königlicher Hoflieferant mit einer Bäckerei und Konditorei am Wilhelmplatz und außerdem Charlottenburger Stadtverordneter. Die Braut Jutta war vielleicht die Tochter von H. Engelhardt, Eigentümer einer Cognac-Brennerei in der Berliner Straße.

B.R.-Ch. 17

Berliner Strasse: Haupt-Postgebäude — Logen-Restaurant

Gruss aus Charlottenburg

An der dem Logenrestaurant (im Vordergrund) gegenüberliegenden Straßenecke der Kirchhofstraße (Warburgzeile) erkennen wir mit dem Eckturm das Postamt Charlottenburg 1, das, als Nachfolgebau eines zum Postamt umgewandelten Privathauses 1876/77 an gleicher Stelle vom bekannten Post-architekten Carl Schwatlo errichtet wurde. Es musste im Laufe der Zeit mehrmals erweitert werden.

Berlin-Charlottenburg. Das neue Postamt Berliner Str.

Zur Einführung des Selbstwählfernsprechdienstes in Charlottenburg wurde das alte Postamt 1931 durch einen Neubau im sachlichen Stil ersetzt. Die Fassade des denkmalgeschützten Gebäudes ist heute im zentralen Bereich fensterlos.

Rathhaus der Stadt Charlottenburg

Grüsse aus Charlottenburg

Das erste Rathaus Charlottenburgs stand am Eingang zur Schloßstraße. Das zweite war ein großzügiges Privathaus, das 1791 für den Königlichen Oberstallmeister Encke, den Bruder der Gräfin Lichtenau (S. 109), errichtet worden war. Hier sehen wir es um 1900. Für die herangewachsene Großstadt Charlottenburg viel zu klein geworden, ersetzte man es bald durch einen Neubau am gleichen Ort.

Das von Reinhardt und Süßenguth errichtete Rathaus (1899–1905) spiegelt das enorme Selbstbewusstsein der Charlottenburger Stadtväter wider. Mit 89 Metern Höhe ist der Turm noch heute dominant im Stadtbild und überragt deutlich den Turm des Roten Rathauses, die Kuppel von Schloss Charlottenburg sogar um mehr als das Doppelte. Kaiser Wilhelm II. soll verärgert über soviel bürgerlichen Prunk in der Sichtachse vom Knie zum Schloss gewesen sein und künftig auf seinen Fahrten zum Schloss den Umweg über die Bismarck- und Schloßstraße genommen haben.

In der Nacht zum 23. November 1943 fanden die wohl schwersten Luftangriffe auf Charlottenburg statt, bei denen auch wesentliche Teile des Schlosses zerstört wurden. Drei Männer waren zur Wache auf den Rathausturm gegangen. Die Bomben setzten auch das Rathaus in Brand. Eine weitere traf den Turm seitlich und zerstörte die Wendeltreppe. Die Männer saßen nun fest und fürchteten den Einsturz des Turms. Zum Glück konnte der Brand gelöscht werden und die Männer wurden gerettet.

Das große Rathaus enthielt im Kellergeschoss auch einen geräumigen Ratskeller mit mehreren verschiedenen Themensälen. Bei den Kriegszerstörungen im Rathaus brannte der Ratskeller weitgehend mit aus. Während der Rekonstruktion in den 1960er-Jahren stellte man den Figurenschmuck der ehemaligen Weinabteilung wieder her, die unterhaltsamen Wandbilder wie der Elefant in der Bierabteilung (heute Kuppelsaal) wurden nicht rekonstruiert.

Der kleine Ratskeller befand sich drei Häuser neben dem Rathaus an der stumpfen Ecke am Wilhelmplatz, der seit 1934 Richard-Wagner-Platz heißt. Das auf die Rathausbediensteten zugeschnittene Mittagsangebot reichte von Löffelerbsen bis zum Eisbein.

Charlottenburg — Wilhelmsplatz von der Berlinerstrasse

Blick vom Wilhelmplatz auf die Baustelle des Rathauses, die schon durch einen Holzzaun abgetrennt ist. Die Straßenbahn verkehrt auf dieser Strecke seit Kurzem nicht mehr mit den anfälligen Akkumulatortriebwagen, sondern erhält ihren Strom über die Oberleitung.

Der Wochenmarkt auf dem Richard-Wagner-Platz mit den wenigen Billigwarenständen ist nur eine schwache Reminiszenz an frühere Tage. Seit 1718 war der Wilhelmplatz der Charlottenburger Marktplatz, in der heutigen Richard-Wagner-Straße schloss sich zeitweise auch noch der Pferdemarkt an. Den nicht erhaltenen Kiosk errichtete 1905 der Berliner U-Bahn-Architekt, der Schwede Alfred Grenander.

147. CHARLOTTENBURG
Wilhelmsplatz-Bahnhof d.Untergrundbahn

Mehr als für seine Kioske ist Grenander für seine U-Bahn-Bauten berühmt, wobei er jedem Bahnhof, wie hier dem 1906 eröffneten Bahnhof Wilhelmplatz, ein eigenes Gesicht gab. Die zunächst am Knie (S. 16) endende U-Bahnstrecke wurde entlang der heutigen Bismarckstraße nach Westen verlängert und dann entlang der Spreestraße (heute Richard-Wagner-Straße) zum Wilhelmplatz eingeschwenkt. Ein zweiter, geradlinig nach Westend weiterführender Arm gewann größere Bedeutung.

Charlottenburg   Spree-Strasse

Nach dem Zweiten Weltkrieg wurde zwischen den Bahnhofen Deutsche Oper und Richard-Wagner-Platz nur noch ein Pendelverkehr aufrechterhalten, den man 1970 einstellte. An gleicher Stelle eröffnete 1978 ein neuer Bahnhof gleichen Namens an der Linie 7 nach Spandau. Erhalten ist vom alten Bahnhof ein Eingang, den man leicht versetzt an der Otto-Suhr-Allee wieder aufbaute.

Café Wilhelmplatz, Charlottenburg, Spreestr. 10. Inh. Wilhelm Kögel
Fernspr. Amt Wilhelm 6146

Das Restaurant „Café Wilhelmplatz" des Wirtes Wilhelm Kögel lag an der heutigen Ecke Behaimstraße und ist auf dem vorhergehenden Bild, bezeichnet als „Concert-Café", zu erkennen. In den über zwei Etagen reichenden Saal haben sich die fröhlichen Gäste im Frühjahr 1914 selbst hineingezeichnet. Das Gebäude des später schlicht „Kaffee Kögel" genannten Restaurants ist erhalten und wird von einem Lebensmitteldiscounter genutzt.

Gruss aus den
Germaniasälen, Charlottenburg.
Spreestrasse 8. Inh.: G. Wenzlow.

Wenige Häuser weiter befanden sich in der Spreestraße die Germaniasäle. Vergleicht man die Ansicht mit der Abbildung links, so sollte der Wintergarten im Hof des Komplexes gelegen haben. Für die Gäste stand im Wintergarten eine große Waage zur Verfügung. Eine Gewichtszunahme dank guter Verpflegung wurde damals eher positiv gewertet.

Hinter der nächsten Ecke der Spreestraße in der Grünstraße 1 (heute Haubachstraße 4) lag die Destillation von Fritz Bley. Der Wirt posierte selbstbewusst mit seiner Tochter vor der Kneipentür. Auch die Absenderin, die die kleine Frieda im Sommer 1908 für Sonntag zu einer gemeinsamen U-Bahn-Runde einlud, hat sich oben am Fenster markiert. Das Haus ist mit nur wenigen Veränderungen erhalten.

Die Dampfbäckerei von Hans Schwiersing befand sich auf der gegenüberliegenden Seite der Spreestraße nahe dem Wilhelmplatz. Er bot seinen Kunden als Spezialität Margarine an, die mit holsteinischer Vollmilch verbuttert war. Gegenüber den herkömmlichen Holzöfen wurden moderne Dampfbacköfen mit Wasserdampf beheizt, dessen Siedetemperatur durch Überdruck deutlich erhöht wurde. Damit konnte die Temperatur während des Backens reguliert werden.

Nachdem Kaiser Wilhelm II. nach dem verlorenen Ersten Weltkrieg ins niederländische Exil geflohen war, suchte sich sein Leibkoch Max Wendel eine neue Aufgabe. Er übernahm 1919 am Wilhelmplatz die Gaststätte „Zur Untergrundbahn", in der vor allem Markthändler verkehrten.

Wendel hatte andere Pläne. Er warf die Markthändler hinaus und kochte nun bis in die 1950er-Jahre für die Rathausbeamten gutbürgerliche Küche. Danach übernahm sein Sohn Klaus die Gaststätte, die noch heute 12 Biere vom Fass anbietet. Interessant ist die Wandbemalung mit dem Charlottenburger Schloss. Die Karte an eine Verwandte des Wirts in Mecklenburg ist vorderseitig vom Wirt selbst unterschrieben und rückseitig von seinem Sohn Klaus.

Berlin-Charlottenburg.   Wilhelmplaß

Das Luftbild zeigt anschaulich, dass der ehemals runde Wilhelmplatz eine unregelmäßige Ausbuchtung der Berliner Straße an der Kreuzung mit der Spreestraße geworden ist. Diese und die nebenstehende Ansicht sind wohl beim gleichen Flug um 7 Uhr vormittags im Abstand von wenigen Sekunden aufgenommen worden, wie die Straßenszene bei genauer Betrachtung zeigt.

Charlottenburg.   Blick vom Rathausturm nach Westen

luisenkirche

Die Randbebauung der Berliner Straße endete 1905 noch an der Kirchstraße (Gierkezeile), der dahinterliegende Wartenberg'sche Garten (S. 70) scheint aber schon zur Bebauung gerodet zu sein. Vom Wilhelmplatz kommend, verlaufen die Straßenbahngleise durch die Scharrenstraße (Schustehrusstraße) und biegen nach links in die Wilmersdorfer Straße ein.

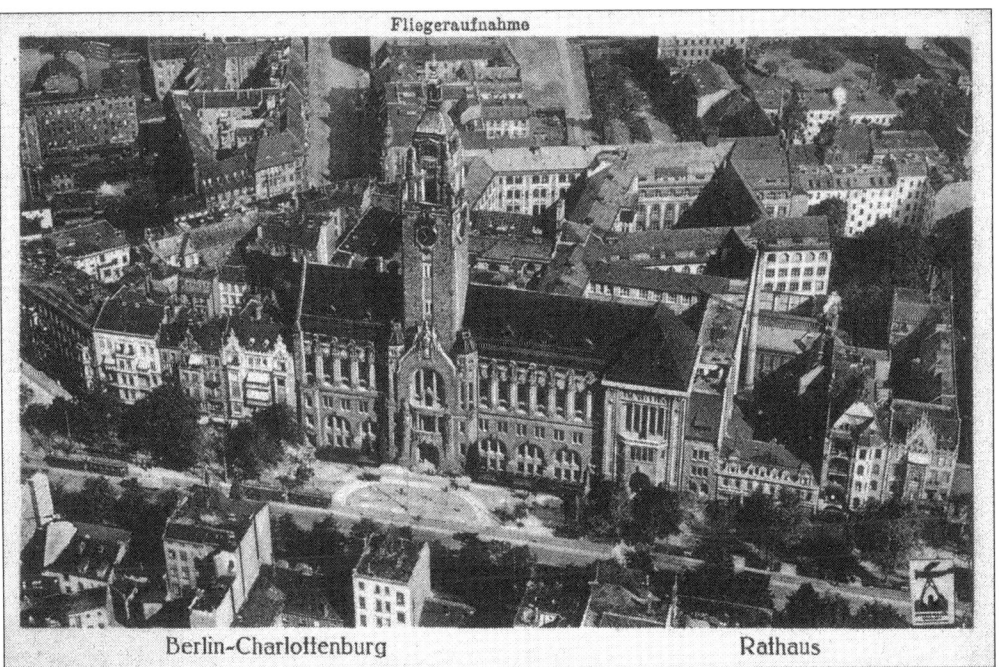

Berlin-Charlottenburg   Rathaus

Im Anbau des Rathauses rechts befindet sich eine für die Sparkasse gestaltete große Kassenhalle, die heute von der Heinrich-Schulz-Bibliothek genutzt wird. Typisch für die Zeit ist die unregelmäßige Häuserreihe vorn, bei der sich niedrige Häuser aus der ländlichen Zeit Charlottenburgs mit mehrgeschossigen Neubauten abwechseln.

Königl. Schloss

Auf der Fortsetzung des Panoramas ragt in der Mitte das Gebäude der Handwerkerschule (S. 114) mit den zwei Türmchen ein wenig heraus. Der Florapark ist bereits weitgehend bebaut. Die Baulücke des erst im Jahr zuvor abgerissenen Flora-Restaurants (S. 110) und des Palmenhauses gibt rechts neben der Brandmauer den Blick auf die Spree frei.

Charlottenburg
Berlinerstr. 89

Hohenzollern-Festsäle und Weinhandlung
Inh. Fritz Papritz

Friedrich Hückstedt, Charlottenburg

Der Wirt der Hohenzollern-Festsäle mit dem eingängigen Namen Fritz Papritz war bereits seit den frühen 1890er-Jahren auf dem Grundstück ansässig, zunächst wohl als Wirt eines alten Gartenlokals. Das repräsentative Gebäude der Hohenzollern-Festsäle ist, ebenso wie das links anschließende Eckhaus an der Wilmersdorfer Straße, nicht erhalten.

Charlottenburg 2. 6. 03.
Berlinerstrasse 89

Hier unterhält eine Gesangsgruppe die Gäste im gut gefüllten Lokal. Die unterschiedlichen Hausnummern, Berliner Straße 89 bzw. 105, der Hohenzollern-Festsäle erklären sich nicht aus einem Umzug oder zwei verschiedenen Standorten. Da mit der Parzellierung des Florageländes (S. 110) und des ehemaligen Küchengartens (S. 70) viele neue Grundstücke hinzukamen, wurden die Hausnummern auf der Südseite und im schlossnahen Bereich der Nordseite um 1907 neu vergeben.

Verein ehem. Deutscher Frontkämpfer

Siemensstadt - Charlottenburg

Eintrittskarte

zu dem am Sonnabend, dem 20. April 1929, in den
Hohenzollern-Festsälen, Charlottenburg, Berliner Straße 105
(oberer Saal) stattfindenden

 **Frühlingsfest**

verbunden mit der Feier des 5. Gründungsjahres
Erstklassige Tanzmusik ausgeführt von der Kapelle Kiehebusch
Humoristische Vorträge

Anfang 8 Uhr / Eintritt 1.— Mk. incl. Steuer / Ende 5 Uhr

46

In den 1920er- und 1930er-Jahren waren die Hohenzollern-Festsäle ein Ort für Versammlungen von Organisationen des rechten Spektrums, wie des Vereins deutscher Frontkämpfer. Schon am 2. September 1925 fand hier eine nationalsozialistische Versammlung statt.

Der Pfarrer der Herz-Jesu-Gemeinde (S. 122), Bernhard Lichtenberg, besuchte 1929 eine Veranstaltung des juden- und kirchenfeindlichen Tannenbergbundes in den Hohenzollern-Festsälen. Widerwillig gestanden ihm die Organisatoren fünf Minuten Redezeit zu. Nach dreiminütiger Ansprache stimmte er ein „Te deum" an, in das die Zuhörerschaft im Saal zum Entsetzen der Veranstalter einstimmte – die Veranstaltung endete vorzeitig.

Gruss aus Charlottenburg

Hôtel und Restaurant „Kaiser Friedrich-Zelt"
Inh. Hermann Lillpopp.

Vom Restaurant „Kaiser-Friedrich-Zelt" an der Berliner Straße blicken wir in die Brauhofstraße. Eine Angestellte des Lokals hatte die Karte versandt. Nach der Denkmalenthüllung zur 200-Jahr-Feier Charlottenburgs (S. 52) traf sich hier der Kreis-Kriegerverband zu einem Festkommers.

Ab den 1920er-Jahren wurde das inzwischen von Oskar Ahlert betriebene „Kaiser-Friedrich-Zelt" von Personen aus dem linken Spektrum frequentiert. Oft gab es Auseinandersetzungen mit den rechts stehenden Besuchern der nahen Hohenzollern-Festsäle. Vor dem in „Ahlert's Festsäle" umbenannten Lokal kam es am 9. Dezember 1931 zu einem Zusammenstoß zwischen dem SA-Sturm 33 und im Lokal tagenden Kommunisten, bei dem ein Kommunist erschossen und zwei weitere verletzt wurden.

Franz Lenz (Ahlerts Festsäle), Charlottenburg, Berliner Str. 88. Tel. Wilhelm 312 — Oberer Festsaal

Nach dem Mord verhaftete die Polizei fünf Personen, darunter Alfred Buske (S. 100). Der Führer des Sturms 33, Hans Maikowski, bekannte sich über seinen Anwalt schuldig und ging in den Untergrund. Im Oktober 1932 wurde er verhaftet, kam mit der Weihnachtsamnestie 1932 jedoch wieder frei.

Beim Blick durch die Lohmeyerstraße nach Norden fällt das spitze Eckhaus auf, das, wie auch die nördliche Lohmeyerstraße selbst, auf dem ehemaligen Florageländе entstand. In diesem Haus wohnte der Künstler und Schriftsteller Friedrich Freiherr von Khaynach, dem ein Schmähbuch über den Hofmaler Anton von Werner fast eine Klage wegen Majestätsbeleidigung einbrachte.

45

Gegenüber dem „Kaiser-Friedrich-Zelt" an der Berliner Straße, auf dem heutigen Tankstellen-gelände, lag „Bauer's Restaurant". Das Szenario erinnert an die Zeit, als die Berliner Straße sonntags von Scharen Berliner Ausflügler heimgesucht wurde. Bald darauf war auch das Eck-grundstück mit der üblichen Straßenrandbebauung versehen.

Auf dem gleichen Grundstück befand sich später die Tanzschule des königlichen Tänzers a. D. Gustav Rohrbeck. Rückseitig ist vermerkt: „Zur Erinnerung an unsere Tanzschule Winter 1917/18".

2

Rund um das Schloss

Die 1695 beginnende Errichtung des Schlosses war Auslöser für die Entstehung der Stadt Charlottenburg. Die zunächst noch sehr kleine Stadt war abhängig von der An- oder Abwesenheit des jeweiligen Monarchen und von dessen baulichen Aktivitäten am Schloss. Der Sohn und Nachfolger Friedrichs I., Friedrich Wilhelm I., bekannt als „Soldatenkönig", hatte wenig Neigung zum schöngeistigen Leben seiner Eltern und lehnte auch das dafür erschaffene Schloss Charlottenburg ab. Der Stadt Charlottenburg versuchte er sogar das Stadtrecht wieder zu entziehen, allerdings ohne Erfolg. Dessen Sohn Friedrich II. (der Große) brachte wieder etwas Leben in das Schloss. Er erweiterte es an der Ostseite und lud regelmäßig zu Hoffesten ein, bevor er in späteren Jahren das von ihm selbst mit entworfene Schloss Sanssouci bei Potsdam vorzog. Dessen Neffe und Nachfolger, Friedrich Wilhelm II., wählte jedoch Charlottenburg zum bevorzugten Wohnsitz. Seiner Mätresse Wilhelmine Encke, später von ihm zur Gräfin Lichtenau geadelt, schenkte er nahe dem Schloss ein repräsentatives Anwesen an der Spree (S. 109). Sein Sohn Friedrich Wilhelm III. verbrachte mit seiner populären Frau Luise viel Zeit in Charlottenburg. Auf den sonntäglichen Spaziergängen im Schlosspark grüßte er fröhlich nach allen Seiten seine Untertanen. Dass seine Nachfolger Charlottenburg seltener frequentierten, spielte keine große Rolle mehr, denn nun war der Fremdenverkehr zum stärksten wirtschaftlichen Standbein geworden.

Diese freche Karte schickte August Bock nach Lehrte an seine Eltern. Er war zur militärischen Ausbildung in Charlottenburg und sah im Jahr 1907 den „letzten 85 Tagen" entgegen.

PENSION FASSBINDER
Familien-Pension I. Ranges f. In- u. Ausländer

Charlottenburg, Berliner Strasse 95
Telephon: Amt Wilhelm 1428

Das repräsentative Eckhaus an der Kaiser-Friedrich-Straße war günstig gelegen, direkt am Charlottenburger Schloss. Die im Haus ansässige Familienpension Fassbinder wandte sich an ein internationales Publikum.

Hier geht der Blick um 1905 vom Luisenplatz zurück zum Rathaus. Den ursprünglich öden Platz vor dem Ostflügel des Schlosses ließ Friedrich Wilhelm III. während der Abwesenheit seiner Frau Luise mit Rasen bepflanzen und umhegen. Ihr zu Ehren erhielt der bisher namenlose Platz bei ihrer Rückkehr am 31. Juli 1806 den Namen Luisenplatz.

Das Gebäude am Luisenplatz wurde wohl um 1860 als repräsentative Privatvilla für den Rittmeister a.D. Freiherr von Hammerstein erbaut. Um 1905 wurde aus der Villa ein Hotel, das „Schlossparkhotel".

Mit leichten Schäden überstand das Hotel den Zweiten Weltkrieg und wurde weitergeführt, allerdings war es nun des markanten Türmchens beraubt. Hier sehen wir es im Jahr 1955, ein Jahr vor seinem Abriss. Die Linie 55 war 1967 die letzte in Betrieb befindliche Straßenbahnlinie West-Berlins.

Vom Schlossparkhotel, hinter dem bereits die Eosanderstraße über das ehemalige Floragelände abzweigt, geht der Blick vor 1910 zur Schlossbrücke. Die erste hölzerne Zugbrücke an dieser Stelle entstand 1709, ihr folgte ein verstärkter, ebenfalls hölzerner Nachfolgebau, der 1901 durch eine für den Straßenbahnverkehr geeignete steinerne Brücke ersetzt wurde.

Das nördlich anschließende Gebiet war zur Eröffnung der steinernen Brücke 1901 noch weitgehend unbebaut. Bemerkenswert waren die Sandsteinobelisken mit Skulpturen von Max Denning, die einen Panther und einen Greif zeigen.

Einige Jahre später schauen wir von der Nordseite über die Schlossbrücke. Im Hintergrund erheben sich der Rathausturm und der Schornstein des Kraftwerks der Straßenbahn (S. 118), neben dem noch die hölzerne Caprivibrücke die Spree überquert. Auch damals gab es Pfusch am Bau: Die Schlossbrücke musste wegen Schäden nach 25 Jahren ersetzt werden.

In gleicher Blickrichtung nach dem Zweiten Weltkrieg: Die 1928 eröffnete schmucklose Nachfolgerbrücke war zwar am Ende des Zweiten Weltkriegs gesprengt worden und einseitig abgesackt. Sie konnte aber bald nach dem Krieg gehoben und auf neu gemauerte Pfeiler gelegt werden.

Ihr 200-jähriges Bestehen feierte die wohlhabende Großstadt Charlottenburg gebührend im Jahr 1905. Eine Woche nach der Einweihung des neuen Rathauses (S. 33) wurde am 27. Mai ein mächtiges Denkmal am zuvor schmucklosen Luisenplatz eingeweiht. Nachdem alle Gäste bereits eine halbe Stunde vorher ihre Plätze eingenommen haben mussten, erschien Kaiser Wilhelm II. und wurde vom Oberbürgermeister Schustehrus begrüßt.

Auf ein Zeichen Wilhelms II. hin fiel die Verhüllung, während das Publikum „Heil Dir im Siegerkranz" sang. Anschließend umrundeten Wilhelm und Schustehrus gemeinsam mit dem Bildhauer Joseph Uphues sein wuchtiges Denkmal, begleitet von historischen Märschen der Trompeter der Gardes du Corps. Das viereinhalb Meter hohe Reiterstandbild zeigt den 1888 verstorbenen Kaiser Friedrich III. in militärischer Pose.

Der Meilensäule vor dem Schloss Charlottenburg markiert den Abstand von einer preußischen Meile (gut 7,5 km) zum Berliner Stadtschloss. Sie musste der Denkmalsanlage weichen und wurde von der Nordseite auf die Südseite des Spandauer Damms/Ecke Nithackstraße versetzt, wo sie sich heute noch befindet.

Hier sehen wir die von Otto Schmalz gestaltete Anlage um das Denkmal im Schnee. Das Reiterstandbild wurde 1943 nach Bombenschäden eingeschmolzen, die zerstörte Denkmalsanlage 1950 abgeräumt.

Schloß in Charlottenburg, Fliegeraufnahme.

Auf dieser umseitig mit 1931 datierten Karte ist die damalige Gesamtanlage des Schlosses gut zu erkennen. Wesentliche Unterschiede gegenüber dem heutigen Bild sind, außer dem Denkmal mit dem überlebensgroßen Standbild, das Hausarchiv (S. 64) hinter dem Durchgang zum Schloss und die Straßenrandbebauung am Spandauer Damm, die die direkt dahinter liegende kleine Orangerie (S. 65) stark verschattet.

Der Blick Richtung Nordosten geht auf dieser 1935 versandten Karte auf den nördlich der Spree gelegenen Ortsteil, für den heute der alte Name Kalowswerder reaktiviert wird. Direkt vor der Schlossbrücke erkennt man im Schlosspark das von Schinkel für Friedrich Wilhelm III. im Stile einer neapolitanischen Villa erbaute Neue Palais.

54

Das Dahinscheiden des greisen Monarchen Wilhelm I. war lange erwartet worden. Als aber sein Sohn Friedrich III. ihm nachfolgte, war dieser bereits sterbenskrank und hatte seine Stimme verloren. Am 16. März 1888 wurde die Leiche Wilhelms I. von Berlin nach Charlottenburg überführt und im Mausoleum (S. 62) beigesetzt. Die Trauerfeier, hier im Bild, fand in der Schlosskapelle statt.

Hier sehen wir Friedrich III. mit seiner Frau Victoria in der großen Orangerie. Der starke Raucher litt an Kehlkopfkrebs im Endstadium, den er aufgrund konkurrierender Diagnosen der Ärzte nicht hatte operieren lassen. Seine 99-tägige Regentschaft verbrachte er mit Ausnahme der letzten zwei Wochen in Charlottenburg.

THE GRAPHIC

AN ILLUSTRATED WEEKLY NEWSPAPER

No. 961.—VOL. XXXVII.
Registered as a Newspaper

SATURDAY, APRIL 28, 1888

WITH EXTRA
SUPPLEMENT

PRICE SIXPENCE
By Post Sixpence Halfpenny

THE ILLNESS OF THE GERMAN EMPEROR
ENTHUSIASM OF THE CROWD AT THE APPEARANCE OF THE EMPEROR AND EMPRESS AT THE WINDOW OF THE PALACE, CHARLOTTENBURG

Der populäre Kaiser Friedrich III. zeigt sich hier todkrank mit seiner Frau am Fenster des Schlosses. Die englische Presse nahm großen Anteil, denn seine Frau war das erstgeborene Kind von Queen Victoria. Unmittelbar nach seinem Tod am 15. Juni 1888 im Neuen Palais Potsdam ließ sein Sohn und Nachfolger Wilhelm II. dort Dokumente beschlagnahmen. Die Eltern hatten das wohl geahnt und die Dokumente nach Schloss Windsor ausgelagert.

Bei der Weltausstellung 1904 in St. Louis fungierte eine auf einem Hügel errichtete Kopie des Schlosses als „Deutsches Haus". Die Brauerei Anheuser-Busch berichtet stolz in der Anzeige, dass sie in der dort untergebrachten Restauration ihr Bier ausschenkt. Vielleicht wollte sie sich damit in eine Linie mit der berühmten deutschen Brautradition setzen.

Aus der Rede des Thüringer Abgeordneten Wilhelm Bock (1846–1931, damals USPD) in der Nationalversammlung am 20. Oktober 1919: „Wenn draußen im Lande zu lesen ist, daß in Berlin die Kriegskrüppel in einem Schloss untergebracht sind, so wird man glauben: das ist doch wahrlich ein großartiges Entgegenkommen gegen die Leute! […] Ich habe mit einer Anzahl von Leuten dieses Lazarettes gesprochen […] Sie haben mir gesagt: Ja, wir liegen in einem Seitenflügel, der vorher als Stall gedient hat; in diesem Seitenflügel liegen 70 Mann, […]"

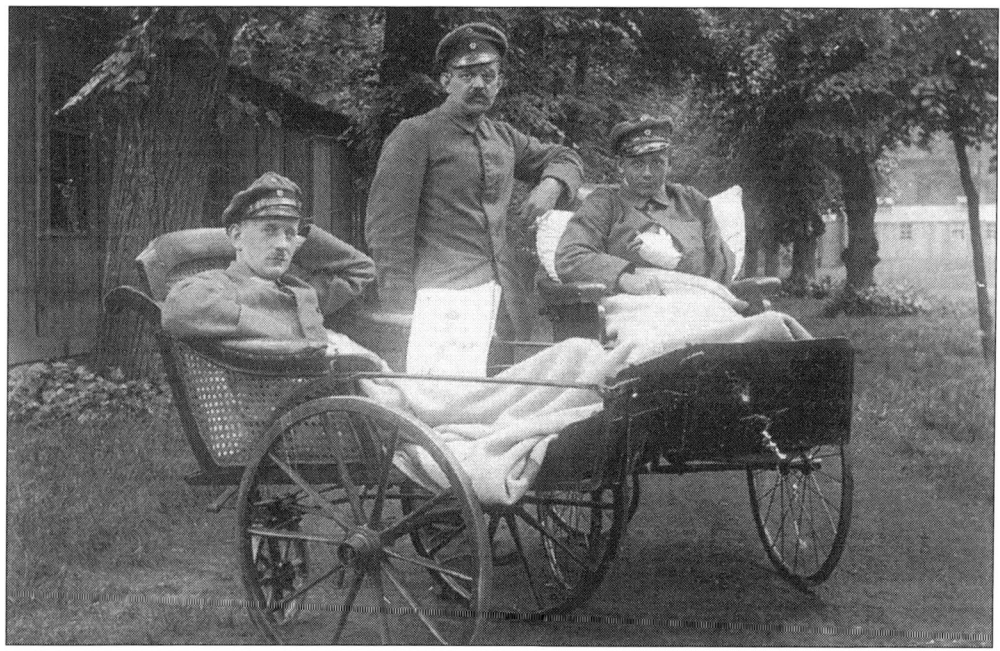

„[…] daneben aber ist noch eine große Anzahl Baracken, hier liegen 200 Mann drin. In diesen Baracken weht der Wind durch jede Fuge, wir frieren, wir werden von Ratten und von Ungeziefer geplagt. Ist das die Art der Behandlung?"

„Sie schilderten mir ferner, die Verpflegung sei miserabel; sie bekommen frühmorgens 30 Gramm Margarine, zum Abendbrot 25 Gramm Ziegenwurst. Suppe gibt es Jahr aus Jahr ein die gleiche: Graupen und Hafergrütze. Selbst die Ärzte und Schwestern haben diese Ernährung als ungenügend bezeichnet, und die Schwestern sind sogar aus diesem Lazarett wegen ungenügender Ernährung ausgetreten."

„Der Herr Präsident der Deutschen Republik [Friedrich Ebert] und der Herr Reichswehrminister [Gustav Noske] haben auch dieses Lazarett besucht; aber – so sagten mir die Kriegsbeschädigten – sie sind wohlweislich nur in die Abteilung für orthopädische Kranke und dann in den Operationssaal gegangen. In unsere Baracken, in denen wir leben und hausen müssen, haben es diese beiden Herren vorgezogen nicht zu kommen; […]."

Die Künstlerin hat eines der schönsten Motive im Schlosspark ausgewählt, den Blick über den Karpfenteich auf das Schloss mit der roten Bogenbrücke, der ältesten erhaltenen Eisenbrücke Berlins. Die Brücke entstand um 1800 im Rahmen der Umgestaltung des ursprünglich barocken Parks in einen Landschaftspark. Dressel (S. 87) sieht „ungeheure große Karpen mit Moos auf den Köpfen zum Zeichen ihres Alters" im Karpfenteich als eine der Attraktionen Charlottenburgs.

In der Nacht zum 23. November 1943 wurde außer dem Rathaus auch das Charlottenburger Schloss schwer beschädigt. Hier sehen wir es 1951 vom Karpfenteich aus noch im zerstörten Zustand. Es wurde in mehreren Etappen wiederaufgebaut. Mit der Wiederherstellung der Kuppel 1957 fand die Rekonstruktion der wichtigsten Bereiche ihr Ende.

Berlin-Charlottenburg. Teehäuschen im Schloßpark

Das 1789 fertiggestellte Belvedere hatte, ebenso wie das Schlosstheater, Carl Gotthard Langhans für König Friedrich Wilhelm II. erbaut. Die mystische Atmosphäre des tief im Schlosspark gelegenen Gebäudes nutzten Berater, um den abergläubischen König in spiritistischen Seancen zu beeinflussen, zu ihrem eigenen Vorteil natürlich. Zu Festen seiner Mätresse Wilhelmine von Lichtenau (S. 109) ließ sich der König vom Belvedere aus mit einer Gondel fahren.

In derselben Nacht, in der das Schloss zerstört wurde, erhielt auch das Belvedere den Treffer einer Brandbombe und brannte bis auf die Grundmauern aus. Beim Wiederaufbau 1956 bis 1960 wurde die Außenfassade des Gebäudes nach alten Stichen rekonstruiert, auf die originalgetreue Rekonstruktion des Inneren verzichtete man.

Nach dem Tod seiner geliebten Frau Luise beauftragte Friedrich Wilhelm III. den Hofbaumeister Heinrich Gentz mit dem Bau eines Mausoleums. Die Bestattung weiterer hochrangiger Mitglieder der königlichen Familie erforderte im Laufe der Jahre mehrere Erweiterungen der Grabstätte.

Das im Stil eines dorischen Tempels erbaute Gebäude befindet sich am Ende einer dunklen Tannenallee, an einem Lieblingsplatz der Königin Luise. Gestützt auf die große Popularität der früh verstorbenen Regentin, deren Ruhm noch über ein Jahrhundert nach ihrem Tod anhielt, war das Mausoleum lange Zeit ein Publikumsmagnet. Dies drückt sich in zahllosen Ansichtskarten mit diesem Motiv aus, die um 1900 zirkulierten.

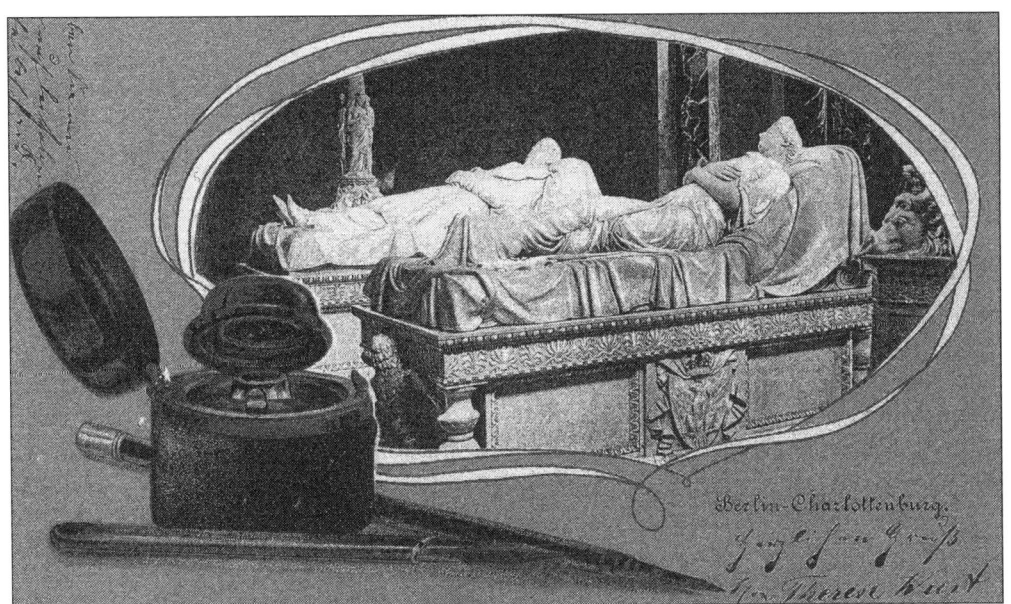

Luises Sarkophag wurde von Christian Daniel Rauch in Berlin in Gips entworfen und aus Marmor in Carrara und Rom gefertigt. Bei der Überführung kaperte ein amerikanisches Schiff das englische Transportschiff. Später gelang es einem anderen englischen Schiff, dem amerikanischen Schiff den Sarkophag wieder abzujagen. So erreichte er, durch Salzwasser beschädigt, sein Ziel Charlottenburg mit halbjähriger Verspätung.

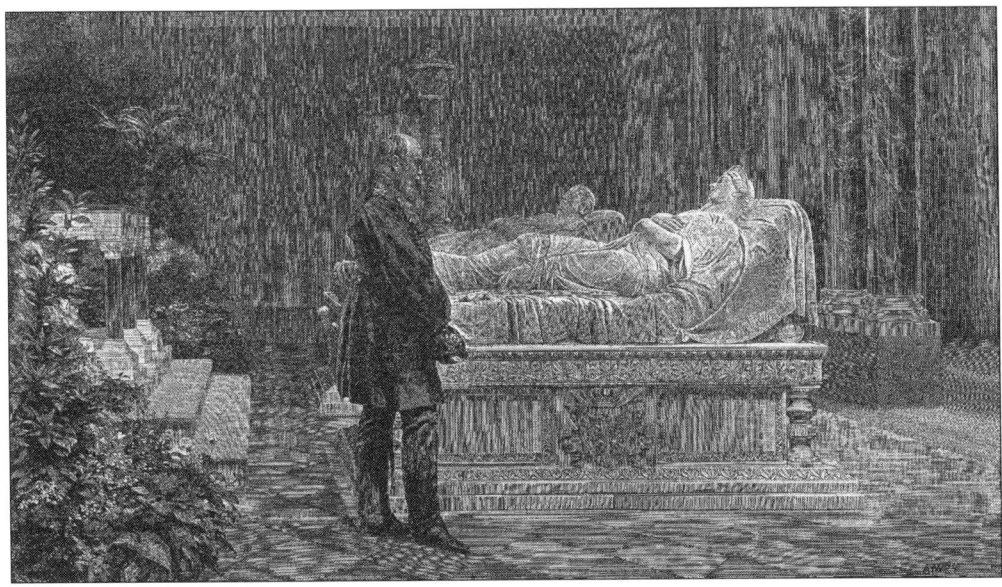

Auf diesem, einem berühmten Gemälde des Hofmalers Anton von Werner nachempfundenen Stich sehen wir König Wilhelm I. am 19. Juli 1870 am Grabe seiner Eltern im Charlottenburger Mausoleum. Es war der 60. Todestag seiner Mutter und er war gerade über die von Bismarck provozierte Kriegserklärung Frankreichs an Preußen informiert worden. Aus dramaturgischen Gründen hatte Anton von Werner Wilhelms ebenfalls anwesenden Sohn Friedrich weggelassen.

Auf heutigem Parkplatzgelände vor dem Schloss befand sich seit 1831 der Kaffeegarten des Gärtners Heinrich Muscow, der sich Mitte des 19. Jahrhunderts großer Beliebtheit erfreute. Ein Reiseführer von 1840 empfiehlt nur Muscow und das „Türkische Zelt" (S. 26) zur Einkehr in Charlottenburg. Das oft als Schweizerhäuschen bezeichnete Holzhaus ist ein Geschenk von König Friedrich Wilhelm III. an den Wirt.

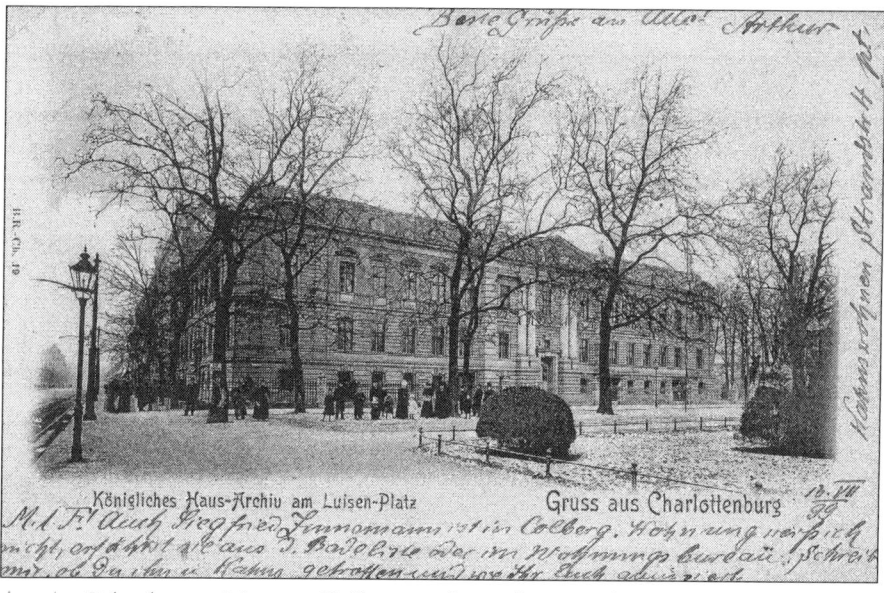

Nachdem das Gelände von „Muscows Kaffeegarten" parzelliert wurde, entstand auf der dem Schlosshof zugewandten Seite das königliche Hausarchiv, das später zur königlichen Hofkammer wurde. Ernst Tielebier erbaute es von 1894 bis 1895 nach Plänen des Hofbaumeisters Kavel. Der Empfänger dieser Ansichtskarte ist der 1886 geborene Schüler Fritz Tielebier, der später selbst auch Regierungsbaumeister wurde. Das im Zweiten Weltkrieg beschädigte Gebäude wurde 1957 gesprengt.

Charlottenburg   Königl. Hofgärtnerei im Schlossgarten
Deutschnationaler Handlungsgehilfen-Verband
Ortsgruppe Charlottenburg
Gruss vom Gautag-Stiftungsfest am 3. Februar 1901.

Die parallel zur Orangerie verlaufende Hofgärtnerei ist heute als die „Kleine Orangerie" bekannt. Das 1790 errichtete Gebäude konnte mit seiner nach Süden gerichteten Glasfassade 150 Orangenbäume aufnehmen und beherbergte an der Nordseite Pferde-, Kuh- und Maultierställe. Die Pavillons an den Seiten enthielten Wohnungen für die Gärtner. Das im Zweiten Weltkrieg teilzerstörte Gebäude ist heute wieder aufgebaut und wird als Restaurant genutzt.

Das Bild des kleinen Kindes mit dem Spielzeughund auf Rollen entstand am 28. August 1923 um halb 6 Uhr nachmittags, wie es der Fotograf rückseitig vermerkt hat. Die Aufnahme fand wohl vor der Orangerie des Schlosses statt. Auch schon zu Königs Zeiten war der Schlosspark meist öffentlich zugänglich gewesen.

Gruss aus Café-Restaurant
Schlossgarten C. Wiorek

Königl. Schloss

Das Restaurant befand sich in der nicht mehr erhaltenen Randbebauung der Spandauer Straße (Spandauer Damm) neben dem Hausarchiv. Der Name des Restaurants ist berechtigt, denn der Schlosspark beginnt an der rückseitigen Grundstücksgrenze.

Gruss aus Westend.   Depôt der Electrischen Strassenbahn.

Am Ende der Spandauer Straße, vor dem nach Westend hinaufführenden Spandauer Berg, befand sich an der Ecke der Sophie-Charlotten-Straße Deutschlands ältester Straßenbahnhof. Er wurde 1865 für die erste Pferdebahn zwischen Berlin und Charlottenburg (S. 12) in Betrieb genommen. Auf dieser Ansicht nach 1900 sind die Straßenbahnen bereits elektrifiziert.

Charlottenburg.   Friedrich-Karl-Platz.

Seinen alten Namen erhielt der heutige Klausenerplatz 1887 in Erinnerung an den zwei Jahre zuvor verstorbenen Prinzen Friedrich Karl, einen erfolgreichen Feldherren. Der ehemalige Exerzierplatz wurde 1893 in einen Schmuckplatz umgestaltet. Die niedrigen Häuser ersetzte man 1932 durch die St.-Kamillus-Kirche. Die Platzgestaltung mit zwei Diagonalwegen und einer Aussparung für den Markt und eine Bedürfnisanstalt auf der Westseite war wenig phantasievoll.

Eine Umgestaltung fand 1920 durch Erwin Barth (S. 79) statt. Nach dem Motto „Spielende Kinder sind für die Großstadt ein mindestens ebenso schöner Schmuck wie Ziersträucher und Blumenbeete" ließ er die Diagonalwege an Rondellen enden und reservierte den zentralen Bereich für einen Spielplatz.

Das Haus am Klausenerplatz 18 ist mit vereinfachter Fassadengestaltung erhalten. Die Entfernung von Stuck und Verzierungen an den Fassaden, die den Krieg überstanden hatten, wurde zeitweise sogar finanziell gefördert. Der heutige Name des Platzes erinnert an den von einem SS-Kommando erschossenen katholischen NS-Gegner Erich Klausener (1885–1934),

Im proletarischen Gebiet südlich des Platzes waren zwei Radsportvereine aktiv und hatten dort ihre Vereinslokale. Bei einem Radrennen 1959 biegt das Feld aus der Neufertstraße in den Platz ein. Mitglieder der katholischen Kamillusgemeinde behaupteten später, dass alljährlich ein Radrennen ihre Fronleichnamsprozession behindert hätte.

3

Entlang der Schloßstraße

Bei den Kriegen mit dem osmanischen Reich in Österreich und auf dem Balkan wurden oft Gefangene gemacht. Die Begabteren unter ihnen waren als Diener begehrt, bis in höchste Kreise. Die „Kammertürken" der Königin Sophie-Charlotte im nahen Schloss, Aly und Hassan, ließen 1704 vom Hofarchitekten Eosander von Göthe zwei Häuser in der Schloßstraße erbauen. Hassans Haus erkor man 1706 als Vorbild für die Erweiterung der Stadt Charlottenburg. Das Haus eines weiteren Hofbeamten an der Schloßstraße 2 wurde das erste Rathaus. Das Feuchtgebiet des Schwarzen Grabens trennte die Schloßstraße von den weiter östlich gelegenen Teilen der Altstadt. Einst war es zu einem Karpfenteich ausgehoben worden, der bald nicht mehr gepflegt wurde und wieder verlandete. Beim Bauboom nach 1900 begann man, auch die letzten freien Flächen mit Wohnbebauung zu versehen. In der Altstadt waren das, neben dem Gelände der kürzlich eingegangenen „Flora" (S. 110), die Karpfenteichwiese (S. 98) und der ehemalige königliche Küchengarten, die alle vom Schwarzen Graben durchflossen wurden. Führend bei der Parzellierung und Bebauung war der Immobilienunternehmer Alfred Schrobsdorff. Als ehemaliger Stadtverordneter hatte er offenbar beste Kontakte zum von Hausbesitzern dominierten Magistrat, sodass sich die wohlhabende Stadt bei Vorgaben für die Nutzung des letzten innerstädtischen Freiraums zurückhielt.

Gruss aus Charlottenburg. Kas. d. Füs.-Bat. Königin Elisabeth Garde-Gren.-Regt.

Schade daß Du nicht hier warst, hoffen Dich sicher nächsten Sonntag zu sehen Siegfried.

Kunstverlag J. Goldiner, Berlin.

Der Ausblick vom Schloss auf wenig attraktive Stallgebäude missfiel Friedrich Wilhelm IV. Daher ließ er in den 1850er-Jahren den Eingang zur Schloßstraße durch zwei symmetrisch angeordnete Kasernenanlagen von August Stüler aufwerten. Sie wurden vom Garde-du-Corps-Regiment bezogen, der Leibgarde des Königs. Heute wird dort Kunst des 20. Jahrhunderts ausgestellt.

Links unterhalb der Luisenkirche erkennt man um 1900 das Wartenberg'sche Palais. Der Bankier Behrend ließ es 1823 nach Plänen von Karl Friedrich Schinkel errichten, der gleichzeitig die Luisenkirche umgestaltete (S. 88). Der umgebende Park war zuvor der königliche Küchengarten, in dem, teils in Gewächshäusern, Spezialitäten für die königliche Tafel gezogen wurden.

Das Wartenberg'sche Grundstück durchfloss der Schwarze Graben, der zeitweise übelriechende Abwässer führte, sogar Tierkadaver fanden sich darin. Durch die weitgehende Kanalisierung des Grabens 1889 entspannte sich die Lage, und das Anwesen war nun ein Filetstück in bester Lage. Es wurde 1905 enteignet, um die Kaiser-Friedrich-Straße zum Luisenplatz zu verlängern.

Die Verschuldung des königlichen Hauses führte 1810 zum Verkauf des Grundstücks. Rechts im Bild erkennen wir schräg hinter dem westlichen Kasernengebäude die ehemalige Reithalle, in der sich heute eine Sporthalle befindet. Die vor dem Schloss haltende Straßenbahn fährt mit Akkumulatorenbetrieb, und am Eingang zur Schloßstraße fehlt noch das Prinz-Albrecht-Denkmal.

Am Eingang zur Schloßstraße wurde am 14. Oktober 1901 auf dem Mittelstreifen in Anwesenheit von Kaiser Wilhelm II. ein Denkmal enthüllt. Es zeigt Prinz Albrecht von Preußen (1809–1872), den jüngsten Bruder Kaiser Wilhelms I. Er machte eine militärische Karriere und wurde nach dem gewonnenen Krieg gegen Frankreich kurz vor seinem Tod zum Generaloberst befördert. Eine Apfelsorte trägt seinen Namen, die einer seiner Gärtner auf Schloss Kamenz als Zufallssämling fand.

Denkmalsenthüllung des Prinzen Albrecht von Preussen
Charlottenburg

71

Preussisches Polizeiinstitut Bln.-Charlottenburg, Schlossstr. 1.

Mit der im Versailler Vertrag festgelegten Beschränkung des Heeres auf 100.000 Mann waren viele Kasernen überflüssig geworden. Die 1927 im westlichen Stülerbau eingerichtete Polizeischule war die zentrale Bildungs- und Forschungsstätte der preußischen Polizei, seit 1933 die zentrale Lehrstätte der Kriminalpolizei. Schon bald fand dort auch die Ausbildung der Gestapo (Geheime Staatspolizei) statt.

Mit der Umwandlung zur Führerschule der Sicherheitspolizei 1937 war das Polizeiinstitut Reinhard Heydrich unterstellt. Der Lehrplan war auf die Verschmelzung von Polizei und SS ausgerichtet. Zur Eröffnung äußerte Heydrich die Hoffnung, dass die Führerschule „über das Fachliche hinaus den Typus des soldatischen Beamten schaffen [wird], der allein die stets im Weltanschaulichen begründeten Aufgaben der Staatspolizei und der Kriminalpolizei erfüllen kann."

Führerschule der Sicherheitspolizei Berlin-Charlottenburg, Schloßstr. 1

Hier blicken wir von der Hofseite auf die Führerschule, die auch das angrenzende Gebäude des heutigen Bröhan-Museums nutzte. Eine Seilschaft aus 24 ehemaligen Absolventen der Führerschule – im Jargon des Bundeskriminalamtes (BKA) „die Charlottenburger" genannt – um den späteren BKA-Präsidenten Paul Dickopf bestimmte in den 1950er- und 1960er-Jahren die Personalpolitik und die fachliche Zielrichtung des Bundeskriminalamts.

Aus der gleichen Blickrichtung sehen wir rund 30 Jahre zuvor Soldaten im Hof ihrer Kaserne, die zünftig, mit Biergläsern in der Hand, posieren. Damals war dunkles Bier, das heute in Berlin und Umgebung kaum eine Rolle spielt, noch weit verbreitet.

Zweihundertjahr-Feier der Stadt Charlottenburg. 1705-1905.

Wohnhaus Rauch, Schloß-Straße 6.

Der Bildhauer Christian Rauch, der Königin Luises Sarkophag schuf (S. 63), erwarb 1855 das Haus des „Kammertürken" Hassan, Schloßstraße 6, und versah es mit weiteren Verzierungen. Hier sieht man es zur 200-Jahr-Feier Charlottenburgs 1905. Heute steht auf den Fundamenten des im Zweiten Weltkrieg zerstörten Hauses die Kapelle der Siebenten-Tags-Adventisten.

Die geräumigen Vorgärten in der Schloß-straße, wie hier vor dem erhaltenen Haus Nr. 59, waren eigenmächtig von den Bewohnern zur Selbstversorgung angelegt worden. Da sie formal auf Straßenland lagen, erhob man seit Ende des 18. Jahrhunderts einen Grundzins für die Nutzung. Später wurde eine repräsentative Einfriedung verpflichtend. Nachdem die Einfriedungen 1939 zu Kriegszwecken demontiert worden waren, wurden viele Vorgärten und Zäune 1987 zur 750-Jahr-Feier Berlins denkmalsgerecht rekonstruiert.

Charlottenburg. Magazinstr. v. d. Schlossstr. aus.

Blick von der Schloßstraße in die Magazinstraße (heute Neufertstraße). Hinter dem Straßenknick befindet sich das namensgebende Magazin, ein Futterspeicher für Kavallerie-Pferde der nahen Kasernen. Von 1922 bis zur Fertigstellung der katholischen Kamilluskirche 1932 (S. 67) diente das Magazin als Notkirche, danach wurde es das Kino „Mali" (Magazin-Lichtspiele). Seit 1970 nutzt es ein Lebensmitteldiscounter.

Inh. Ed. Gronau
Charlottenburg, Schloss-Strasse 5

Das Hohenzollern-Restaurant, nicht zu verwechseln mit den Hohenzollern-Festsälen (S. 42), befand sich an der Ecke zur Magazinstraße. Nach dem Zweiten Weltkrieg wurden im Vorgarten sogar Boxkämpfe abgehalten. Noch heute steht dort die alte Lauchhammerpumpe, benannt nach der ausführenden Eisengießerei im Süden Brandenburgs. Die Pumpe ist, vor dem westlichen Stülerbau, auf einer Briefmarke der Deutschen Bundespost Berlin abgebildet.

Blick von der Jägerstraße (heute Wulfsheinstraße) nach Norden durch die Orangenstraße (Nithackstraße). Das niedrige Haus am linken Bildrand ist das nicht erhaltene Geburtshaus Leo von Caprivis, der Bismarck als deutscher Reichskanzler nachfolgte. An der Stelle des Eckhauses an der Stallstraße steht heute ein 1975/76 von den Architekten Inken und Heinrich Baller im sozialen Wohnungsbau erbautes Haus mit markant geschwungenen Balkonen.

In der frühen Zeit Charlottenburgs war das Gasthaus „Zum weißen Schwan" das beste am Platz, aber nicht billig, wie Pfarrer Dressel in seinen Chroniken berichtet. Um 1820 kehrten die erwachsenen Söhne König Friedrich Wilhelms III. an heißen Tagen auf einen Erfrischungstrunk ein. Das Haus befand sich nahe dem Schloss, gegenüber der Einmündung der Stallstraße in die heutige Nithackstraße. Hier sehen wir es um 1905, kurz vor seinem Abriss.

76

Zur Erinneruug an die Sammelstelle III
in Berlin-Charlottenburg 1915
Kommandeur: Major v. Rochow

Hofansicht des 1914 fertiggestellten Gebäudes der heutigen Eosander-Schinkel-Grundschule.
Das Schulgebäude wurde sofort vom Militär mit Beschlag belegt. Der Begriff „Sammelstelle"
bezeichnet wohl einen Ort, wo sich im Krieg Verwundete nach ihrer Genesung zurückmeldeten.

Die Schule, abgebildet in der Straßenansicht, diente später auch als Lazarett. „Hier war ich Oktober 1917 bei Stabsarzt Dr. Lehnsen, als Sprechstundenhilfe" ist umseitig notiert. Nach dem Krieg
war das Haus Freikorpskaserne. So ging die Schule erst in den frühen 1920er-Jahren in Betrieb.
Das beschädigte Gebäude wurde nach dem Zweiten Weltkrieg vereinfacht wiederaufgebaut und
in den 1980er-Jahren originalgetreu rekonstruiert.

Die Villa Oppenheim entstand 1881/82 nach Plänen des Architekten Christian Heidecke im Stile einer venezianischen Villa. Hugo Oppenheim verkaufte das Haus nebst großem Grundstück 1911 an die Stadt Charlottenburg, die einen Teil des Grundstücks mit der Villa an den Krieger-verband weiterverkaufte. Nur kurzfristig war hier ein Kriegervereinsheim. Schon 1913 kaufte die Stadt es im Rahmen einer Zwangsversteigerung zurück. um eine Schule zu errichten. Seit kurzem nutzt das Museum Charlottenburg-Wilmersdorf die Villa.

Die 1915 in der Villa Oppenheim eingerichtete Schule wurde 1914 bis 1922 um das Gebäude an der Schustehrusstraße vom Stadtbaurat Hans Winterstein erweitert, der viele weitere Charlottenburger Schulen errichtete. Nach ihm ist der nördliche Teil der Spreestraße heute benannt (S. 119).

Auf dem westlichen Teil des Oppenheim'schen Grundstücks legte Stadtgartendirektor Erwin Barth 1913/14 den Schustehruspark an. Barth wohnte mit seiner Familie nur wenige Meter entfernt in der Kaiser-Friedrich-Straße 90. Im Oppenheim'schen Garten aufgefundene Objekte wie Terrakotta-Vasen bezog er in die Parkgestaltung mit ein, ebenso den vielseitigen alten Baumbestand.

Die heutige Nehringstraße (nach Hofbaumeister Johann Arnold Nering) bildete die westliche Begrenzung der Altstadt. Der frühere Name Scheunenweg beschrieb ihre damalige Funktion nahe der Felder. Die Parzellierung des westlich angrenzenden Viertels richtete sich nach dem Hobrecht-Plan (S. 7).

Das Gebiet zwischen Schloßstraße und Sophie-Charlotten-Straße überstand den Zweiten Weltkrieg mit wenigen Schäden, die Mietskasernen befanden sich jedoch in einem schlechten Zustand. Das Wohnungsunternehmen „Neue Heimat" begann 1974 mit der Sanierung des Gebiets. Die geplante Radikallösung über die Köpfe der Anwohner hinweg konterkarierte der Architekt Hardt-Waltherr Hämer, der in dem von ihm betreuten Baublock die Bürger in die Planungen einbezog und damit einen Standard für die anderen Blöcke setzte.

Die Gemeindeschule in der Nehringstraße liegt im Zentrum eines Mietskasernenblocks und hat einen Zugang sowohl von der Nehringstraße als auch durch das Ledigenheim in der parallel verlaufenden Danckelmannstraße. Heute nutzen die Nehring-Grundschule und die Peter-Jordan-Förderschule gemeinsam das Gebäude. Der Mainzer Buchdrucker Peter Jordan hatte 1533 das Buch „Leyenschul" verfasst, das heute als Vorläufer der Sozialpädagogik gilt.

Die 300 Quadratmeter große Turnhalle galt damals als vorbildlich. Heute dient sie beiden Ganztagsschulen als Mensa. Direkt nach dem Ende des Zweiten Weltkrieges nutzte die Rote Armee die Schule als Kaserne. Dabei wurde die Turnhalle zum Pferdestall umfunktioniert.

Blick von der Schloßstraße in die heutige Seelingstraße. Der alte Name „Potsdamer Straße" verweist auf einen Weg nach Potsdam, der hier begann. Links an der Ecke befand sich die Kolonialwarenhandlung der Gebrüder Just, die auch auf dem Bild unten zu sehen ist. Das Gebäude wurde im Zweiten Weltkrieg zerstört; viele der abwechslungsreich gestalteten Fassaden der weiteren Häuser rekonstruierte man bei der Sanierung des Wohnviertels originalgetreu.

An der gleichen Straßenecke blicken wir vom Mittelstreifen auf das Eckhaus und die weitere Bebauung der Schloßstraße. Der Mittelstreifen wurde 1841/42 auf Anordnung Friedrich Wilhelms IV. angelegt und erhielt 1885/86 vom Berliner Stadtgartendirektor Mächtig die heutige Aufteilung mit breitem Fußweg und zwei begrenzenden Fahrstreifen. Noch heute lädt der Fußweg in der wenig befahrenen Straße zum Verweilen ein und wird gerne von Boulespielern genutzt.

Das Haus in der Schloßstraße 11 ist heute mit etwas vereinfachter Fassadengestaltung zu betrachten, der auch die wohl auf das Baujahr verweisende Jahreszahl 1904 zum Opfer fiel. Die markanten Pfosten am Eingang sind inzwischen mit Efeu überwachsen.

Der Ackerbürger W. Peters ließ 1871 das Haus in der Schloßstraße 21 errichten. Das für die Charlottenburger Bauten dieser Zeit typische Gebäude überstand den Zweiten Weltkrieg, nicht aber die neuste Zeit: Es wurde 1993 abgerissen und durch einen Neubau ersetzt. Im Nachbarhaus links wohnte der Kommunist Otto Grüneberg, der am 1. Februar 1931 nur wenige Meter von seinem Haus entfernt an der Ecke Hebbelstraße von Nationalsozialisten erschossen wurde.

Das Lenore-Denkmal am Südende des Mittelstreifens der Schloßstraße spiegelte das Pathos der gleichnamigen Ballade von Gottfried Bürger wider. Der Künstler Rudolf Pohle schenkte die Skulptur 1899 der Stadt Charlottenburg. Der Anfang der Ballade lautet: *Lenore fuhr um's Morgenroth / Empor aus schweren Träumen: / „Bist untreu, Wilhelm oder todt? / Wie lange willst du säumen?"*

Da die Lenore angeblich den Blick auf das Schloss versperrte, wurde sie 1920 in den von Erwin Barth umgestalteten Lietzenseepark umgesetzt. Dort stand sie bis Kriegsende. In den Nachkriegswirren verliert sich ihre Spur.

Zwei Steinskulpturen „Mutter mit Kind und Tier" von Wilhelm Gerstel von 1932 wurden auf der Grünfläche des Mittelstreifens vor der Einmündung Knobelsdorffstraße aufgestellt. Der hier abgebildeten Skulptur auf der Westseite (mit Rehkitz) stand auf der Ostseite ein gleichartiges Motiv (mit Bärchen) gegenüber. Beide Skulpturen wurden im Zweiten Weltkrieg zerstört.

Das Postamt Charlottenburg 5 wurde um 1898 im repräsentativen Haus Schloßstraße 24/25 an der Ecke Knobelsdorffstraße eröffnet. Nach der Zerstörung des Hauses im Zweiten Weltkrieg zog die Post in die 1867/68 erbaute Villa Oja in der Schloßstraße 10, die 1964 abgerissen wurde.

Wo sich die Schloßstraße an ihrem Südende verjüngt, entstand 1890 die Siemens-Oberrealschule. 1904 zog ein Standesamt mit ein. Rechts daneben steht die geräumige Turnhalle, hinter der sich ein Turnplatz befand. Er lag, ebenso wie ein kleiner botanischer Garten, an der nordwestlichen Grundstücksgrenze, die der Lietzengraben, der Abfluss des Lietzensees zur Spree, bildete.

Die Aufnahme zeigt den Unterricht im 146 Quadratmeter großen Zeichensaal im dritten Stock der Schule, der über 48 reichlich bemessene Arbeitsplätze verfügte. Die vorbildliche Ausstattung umfasste sogar eine Plattform für astronomische Beobachtungen auf dem Schuldach. Das Schulgebäude überstand den Zweiten Weltkrieg nicht, nur ein Stück des Zauns ist erhalten.

4

Um die Luisenkirche

Anfangs fehlte der Stadt Charlottenburg eine Kirche. Gottesdienste wurden in einem Wagenschuppen neben dem alten Rathaus in der Schloßstraße abgehalten. Nach Verzögerungen durch Finanzierungsprobleme wurde 1716 eine Kirche in vereinfachter Form fertiggestellt, aus Sparsamkeit nur mit einem Dachreiter statt eines Kirchturms. Vieles von dem, was wir aus der frühen Zeit über Charlottenburg wissen, entstammt den Chroniken des langjährigen Charlottenburger Stadtpfarrers Johann Christian Gottfried Dressel (1751–1824). In seiner langen Amtszeit von 1778 bis 1824 kümmerte sich der umtriebige Kirchenmann nicht nur um den baulichen Zustand der kirchlichen Gebäude, sondern sorgte auch für die Errichtung einer Schule und eines Armenkrankenhauses und schließlich auch eines Kirchturms. Er mischte sich in die Politik ein und setzte in seinen Chroniken, in denen er aus Dokumenten und Erzählungen auch die frühen Jahre der Stadt rekonstruierte, auch seine eigenen Aktivitäten ins rechte Licht.

Nur wenige Ansichten der Kirche mit dem Dachreiter sind bekannt. Als Dressel sein Amt antrat, war die Uhr defekt, der Dachreiter hatte sich nach Osten geneigt und schwankte beim Glockengeläut. Das auf dieser Abbildung wiedergegebene kleine Ölgemälde von 1762 entdeckte der Stadtbibliothekar vor etwa 100 Jahren bei einem Trödler.

Hier blicken wir um 1900 von Osten auf die Kirche und erkennen links noch die alten Ackerbürgerhäuser. Erst 1826 konnte der Dachreiter durch einen von Karl Friedrich Schinkel entworfenen Kirchturm ersetzt und das Innere der Kirche verschönert werden. Bei ihrer Einweihung erhielt die Charlottenburger Stadtkirche nach der 1810 verstorbenen Königin den Namen Luisenkirche.

Der Innenraum der Luisenkirche, vor 1914. Den Marmoraltar stifteten nach der Jahrhundertwende Gemeindemitglieder. Von Schinkel stammt die Kanzel, ebenso der Rahmen des von Franz Catel 1834 geschaffenen Altarbildes, das die Auferstehung Christi darstellt. Das Bild wurde der Kirche von Prinz Heinrich geschenkt, einem Bruder Friedrich Wilhelms III.

Dort, wo heute am Gierkeplatz das 1933 erbaute große Gemeindehaus der Luisengemeinde steht, befand sich früher das abgebildete kleine Pfarrhaus. Bei seinem Amtsantritt ließ Dressel das baufällige Gebäude wieder herrichten, sein Nachfolger stockte es um eine weitere Etage auf.

Nach 1933 kam es zu heftigen Auseinandersetzungen in der Gemeinde zwischen der den Nationalsozialisten nahestehenden Gruppe der „Deutschen Christen" und dem von ihnen gewählten Pfarrer Paul-Friedrich Klingenberg (1895–1975), der sich zum aktiven Gegner der Nationalsozialisten wandelte. Am 3. September 1943 wurde die Luisenkirche durch einen Bombentreffer weitgehend zerstört und 1952/53 vereinfacht wiederaufgebaut.

Luisenkirche Berlin-Charlottenburg
Einst und jetzt

Das Eckhaus gegenüber dem Eingang der Luisenkirche ist erhalten. Der Tabakhändler Drews weist im Fenster darauf hin, dass man bei ihm telefonieren kann. Umseitig steht die Aufforderung, den Absender unter den vielen lachenden Kochstudentinnen im ersten Stock zu verorten.

Hier blicken wir von der Kaiser-Friedrich-Straße aus auf die Luisenkirche. Noch wenige Jahre zuvor endete die Kaiser-Friedrich-Straße an dieser Kreuzung und wurde erst nach 1905 bis zum Luisenplatz verlängert.

Eckmann's Festsäle, Charlottenburg
Scharren-Str. 34, Telefon: Wilhelm 3663

Das älteste erhaltene Haus Charlottenburgs in der Schustehrusstraße 13 wurde 1712 für einen Goldschmied erbaut. Der Tanzlehrer Eckmann übernahm 1861 das Anwesen von seinem Vater und errichtete einen großen Tanzsaal im Hof (Bild unten), von dem nur einige Außenmauern erhalten sind. Dort wurde 1902 der Vorläufer des heutigen Sport-Clubs Charlottenburg (SCC) gegründet. Am Heiligabend 1983 erlitt das denkmalgeschützte Gebäude schwere Beschädigungen, als ein Bagger ohne Genehmigung mit dem Abriss begann.

Der staatliche Lotterieeinnehmer H. Feige im nicht erhaltenen Eckhaus Wilmersdorfer Straße 148 bewarb im Herbst 1931 recht aggressiv seine Produkte. Am Höhepunkt der Weltwirtschaftskrise haben vielleicht viele gehofft, über die Lotterie aus der Not herauszukommen, und dabei ihre letzten Groschen verloren.

Blick von der Ecke Zillestraße durch die Wilmersdorfer Straße nach Norden. Bei genauer Betrachtung erkennen wir rechts das Schild der staatlichen Lotterieeinnahme. Der Straßenbahnverkehr auf der vom Richard-Wagner-Platz kommenden Trasse wurde 1963 eingestellt.

Mit dieser Karte informiert der Tabakhändler Nelke einen Kunden über den Eingang der bestellten Zigarren oder Zigaretten und bittet um Abholung derselben. Das erhaltene Eckhaus befindet sich an der Wilmersdorfer/Ecke Behaimstraße.

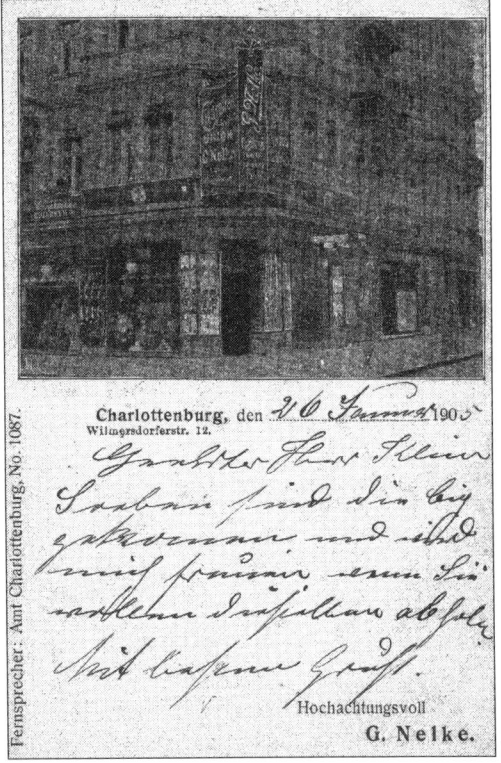

Charlottenburg, den _26 Januar_ 1905
Wilmersdorferstr. 12.

Hochachtungsvoll
G. Nelke.

Ebenfalls erhalten ist das Eckhaus an der Schustehrusstraße. Rechts im Hintergrund erkennt man das alte Ackerbürgerhaus (S. 91). Tante Hedwig zeigt sich umseitig zuversichtlich, dass sich die Adressatin in ihrer mit Kreuzen markierten neuen Wohnung wohlfühlen wird.

Neben dem kleinen Haus erkennt man rechts die Fassade der ersten Charlottenburger Synagoge, die 1890 in der Schulstraße 7 (heute Behaimstraße 11) eröffnet wurde. Vorher hatte die jüdische Gemeinde in Charlottenburg ein Nebengebäude vom „Türkischen Zelt" (S. 26) für ihre Zusammenkünfte genutzt. Die Synagoge wurde 1938 verwüstet und 1943 durch eine Bombe zerstört. Heute erinnert nur noch eine Gedenktafel an sie.

Franz Ludtkes Kolonialwarenhandlung befand sich auf der Südostecke der Kreuzung von der Haubachstraße mit der Kaiser-Friedrich-Straße. Die Hauptstraße war schon im Hobrecht-Plan (S. 7) projektiert, sie war jedoch eine der zuletzt ausgeführten Straßen in dieser Gegend, da sie im Wesentlichen auf dem ehemaligen Schwarzen Graben (S. 70) verläuft.

Das alte, am 3. Januar 1867 eröffnete Krankenhaus in der Kirchstraße (heute Gierkezeile) war für 90 bis 100 Kranke ausgelegt. Das Erdgeschoss war Männern vorbehalten, der erste Stock den Frauen und das Dachgeschoss Patienten mit ansteckenden Krankheiten. Vorbildlich für die damalige Zeit: In jeder Etage befanden sich Toiletten und ein Badezimmer. Ein Nebengebäude enthielt eine Leichenkammer sowie Zimmer für Pocken- und Cholerakranke.

Mit dem Wachstum der Stadt musste das Krankenhaus regelmäßig erweitert werden. Hier sehen wir den 1892/93 von Bratring errichteten Isolierpavillon an der Kaiser-Friedrich-Straße (vorne) und das 1892 in Betrieb genommene Verwaltungsgebäude (hinten rechts). Schließlich wurde sogar das angrenzende Wohnhaus in der Kaiser-Friedrich-Straße mit angemietet, bevor 1904 das neue Krankenhaus Westend in Betrieb ging.

Neben der auf Seite 30 vorgestellten Freimaurerloge war eine weitere in Charlottenburg aktiv. Die zu den Odd-Fellow-Logen gehörende Kaiser-Friedrich-Loge ließ sich 1893/94 in der Kaiser-Friedrich-Straße 87 ein Miethaus errichten, mit einem Saalbau im hinteren Teil des Grundstücks für die Loge.

1922 wurde dieser Saalbau als Kirche der Evangelischen Gemeinschaft geweiht, die sich 1968 mit der Methodistenkirche vereinigte. Die Kirche heißt heute „Auferstehungskirche".

5

Arbeiterleben am Rande der Altstadt

Erstaunlich viele Familien bewohnten, wie alte Adressbücher belegen, die alten, niedrigen Häuser, von denen heute noch einige am Ostende der Zillestraße erhalten sind. Viele hatten keinen Wasseranschluss und ein Plumpsklo im Hof. Die fast ausschließlich aus Arbeitern und Handwerkern bestehende Bevölkerung wählte hauptsächlich linke Parteien. Das brachte der Achse Zillestraße/Loschmidtstraße, gemeinsam mit dem Gebiet zwischen Klausenerplatz und Knobelsdorffstraße, den Namen „Kleiner Wedding" ein. Die politische Radikalisierung in der Depressionsphase nach 1929 sorgte dafür, dass den Sozialisten und Kommunisten im Kleinen Wedding nun Nationalsozialisten gegenüberstanden, die ihre Stützpunkte gleich nebenan in der Hebbelstraße und in Lietzow hatten. Der wegen seiner Brutalität berüchtigte SA-Sturm 33 trug die Bezeichnung „Mördersturm" der linken Presse als Ehrentitel. Regelmäßig gab es Straßenschlachten mit Toten und zahlreichen Verletzten, wie der Überfall auf den Eden-Tanzpalast im November 1930, bei dem drei Teilnehmer einer Tanzveranstaltung vom Sturm 33 niedergeschossen wurden. Im anschließenden Prozess ließ der Rechtsanwalt Hans Litten auch Hitler persönlich vorladen, den der Jurist so in die Enge drängte, dass er die Fassung verlor. Noch in der Nacht des Reichstagsbrandes 1933 wurde Litten in „Schutzhaft" genommen und ohne Prozess jahrelang festgehalten. Er nahm sich 1938 im KZ Dachau das Leben.

Gruß aus Ernst Schulz's Festsälen, Charlottenburg, Kaiser Friedrichstr. 24
Fernsprecher: Amt Wilhelm 3599

Seit den 1920er-Jahren war der Eden-Tanzpalast ein Treffpunkt der Arbeiterschaft. Er befand sich im ersten Stock eines im Hof gelegenen Hallenbaus mit gewölbtem Dach, den heute ein Baumarkt als Lagerraum nutzt. Nach der Errichtung 1905 sprach der Festsaal des Hauseigentümers Ernst Schulz ein wohlhabendes Publikum an.

Blick von der Schloßstraße durch die Hebbelstraße auf die Luisenkirche. Die Straße durchquert das Feuchtgebiet des Nassen Dreiecks, das 1711 ausgehoben und zum Karpfenteich angestaut worden war. Der Teich wurde bald nicht mehr gepflegt und verlandete. Um 1905 war der Wohnungsmarkt so heißgelaufen, dass man auch das Nasse Dreieck bebaute. Trotz hölzerner Pfähle im Boden gab es bald erste Senkungen.

Das Haus Nr. 17 musste schon 1928 wegen Einsturzgefahr geräumt werden. Durch Eisenträger gestützt, wurde es gerettet. Anfang der 1930er-Jahre befand sich hier die von Kommunisten frequentierte Kneipe des Wirtes Johann Achilles. Um 1970 ließ eine Grundwasserabsenkung für den U-Bahn-Bau der Linie 7 die Stützpfähle verfaulen und die Häuser des Nassen Dreiecks mussten abgerissen werden. Heute ist dort wieder eine Freifläche mit Sport- und Spielplätzen.

Im September 1930 eröffnete der SA-Sturm 33 wenige Häuser weiter (Hebbelstraße 20) sein Sturmlokal „Zur Altstadt". Der Wirt Robert Reisig posierte um 1930 vor seinem Lokal. Auseinandersetzungen mit der KPD, die diese Gegend bisher dominiert hatte, waren beabsichtigt. Am 29. Januar 1931 wurde der Kommunist Max Schirmer vor dem Lokal erstochen, nur zwei Tage später wenige Meter entfernt an der Schloßstraße Otto Grüneberg erschossen (S. 83).

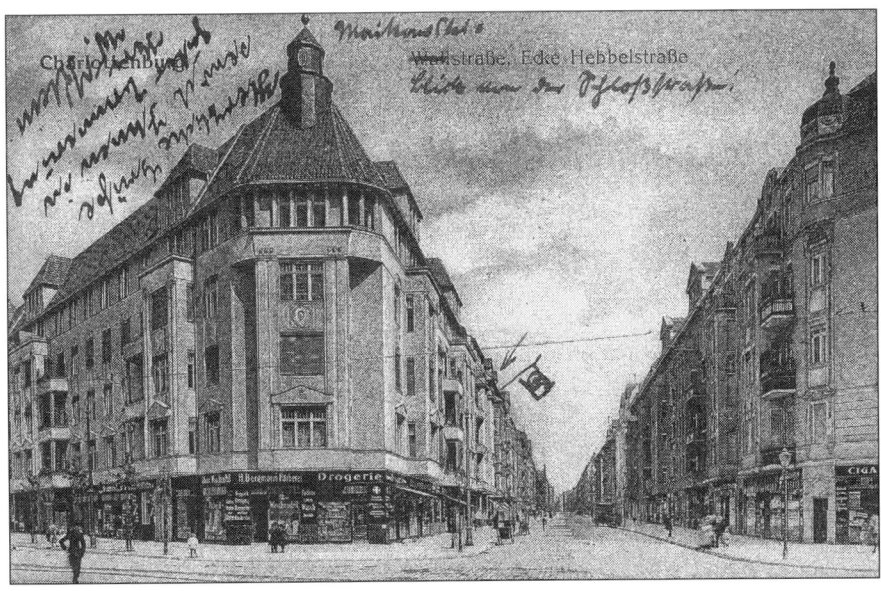

Blick von der Schloßstraße in die heutige Zillestraße, die zwischen Druck und Versand der Ansichtskarte von Wallstraße in Maikowskistraße umbenannt wurde. Am Abend der nationalsozialistischen Machtübernahme marschierte der von Maikowski geführte „Sturm 33" bei der Rückkehr von den Feierlichkeiten durch die Wallstraße. Dort wurden Maikowski und der begleitende Polizist Zauritz bei Auseinandersetzungen mit kommunistischen Anwohnern erschossen.

Die Umstände des Mordes an Maikowski und Zauritz wurden nie geklärt. Im Prozess verurteilten die Richter 56 Personen des linken Spektrums zu teils langjährigen Haftstrafen, ohne ihnen eine Tatbeteiligung nachweisen zu können. Maikowski wurde zu einem Märtyrer hochstilisiert. Nahe dem Tatort wurde am 4. Todestag Maikowskis ein Gedenkbrunnen an der Kreuzung mit der Richard-Wagner-Straße eingeweiht. Die „Rote Fahne" benannte kurz nach der Tat einen Zeugen, der einen untersetzten Mann in SA-Uniform bei den Schüssen beobachtet hatte. Nach dem Krieg tauchte eine Aktennotiz auf, nach der SA-Leute gegenüber der Gestapo ausgesagt hatten, ihr Kamerad Alfred Buske (1912–1934) habe geschossen. Sie hätten geschwiegen, um der „Bewegung" nicht zu schaden. Buske steht auf diesem Foto aus einem Gedenkbuch seiner Kameraden in der hinteren Reihe links, zwei Plätze neben dem mit dem Kreuz markierten Hans Maikowski. Zur Zeit der 7. Auflage des Buches war Buske wohl in Ungnade gefallen und durch den Hauptangeklagten beim Grüneberg-Prozess (S. 83) Paul Foyer ersetzt (Bild unten links). Buske hat Maikowski nur um ein Jahr überlebt. Er starb am 18. Januar 1934 nach einer zeitgenössischen Publikation „an den Folgen der Kampfzeit".

Die von der stolzen Ladeninhaberin Anna Chill selbst versandte Ansichtskarte zeigt sie 1909 vor ihrem Zigarrengeschäft in der Wallstraße 36. Die Häuserzeile wurde im Zweiten Weltkrieg komplett zerstört. Heute befindet sich dort ein großer Parkplatz.

Gruss aus Charlottenburg

Verlag von F. Gerig, Berlin NW., Wilhelmshavenerstr. 36

Restaurant von Friedrich Lehmann, Wallstr. 66

Schräg gegenüber von Anna Chills Zigarrenhandlung lag Friedrich Lehmanns Restaurant. Der Gastwirt war, laut Adressbuch, von Beruf Maurer. Das Haus in der Zillestraße 81 ist erhalten.

Die Krumme Straße ist bereits auf einem Plan von 1724 gemeinsam mit der nördlich anschließenden Warburgzeile als „Kirchhofs Straße" eingezeichnet. Der Name verweist auf den alten
Friedhof der Luisengemeinde, der östlich der Warburgzeile lag. Lange Zeit endete die Krumme
Straße an der Wallstraße. Die hier abgebildete südliche Fortsetzung zur Oper hin entstand erst
in der zweiten Hälfte des 19. Jahrhunderts.

Der Blick vom selben Standort Richtung Norden zeigt den alten Teil der Krummen Straße, die
ihren Namen zu Recht trägt. Häuser aus verschiedenen Epochen säumen die Straße. Auf der
linken Seite ist anhand der Türmchen das Volksbad gut zu erkennen, dessen Fassade sehr schön
in die umliegende Bebauung integriert ist.

Das 1898 von Paul Bratring als „Städtisches Volksbad" entworfene Gebäude ist heute das älteste erhaltene Schwimmbad Berlins. Die Badeanstalt war nicht nur zum Schwimmen da, sondern bot auch Wannen- und Brausebäder für die Charlottenburger Bevölkerung, die oft ihr Wasser noch von der Pumpe holen musste. Noch heute stehen drei Wannenbäder zur Verfügung.

Von Beginn an nutzten Schwimmvereine das Bad. Man badete getrennt nach Geschlechtern, erst ab 1933 gab es Familienbadezeiten. Für die Olympischen Spiele 1936 wurde das Becken um 20 Zentimeter auf 25 Meter verlängert. Auch die Medaillengewinnerinnen Gisela Arendt und Ruth Halbsguth vom Charlottenburger Schwimmverein Nixe trainierten hier.

Warum die beiden Frauen in Johann Roders Fein-Bäckerei in der Wallstraße 29 (Zillestraße 70) sich im Jahr 1908 als „Wir 2 Verlassenen" bezeichneten, lässt sich nicht mehr rekonstruieren. Das Haus wurde inzwischen durch einen Neubau ersetzt. Daneben erkennen wir Eduard Volkmers Zigarrenhandlung. Die Abbildungsauswahl dieses Buches ist nicht repräsentativ, aber man könnte den Eindruck bekommen, dass ganz Charlottenburg voller Tabakläden war.

Wallstraße 85 zwischen Spreestraße (Richard-Wagner-Straße) und dem Knick, um 1911. Nach der Maikowski-Schießerei (S. 99) wurde der am Fuß verletzte Arbeiter Max Schuckar aufgrund von Blutspuren in diesem Haus entdeckt, verhaftet und als Polizeigefangener ins Krankenhaus gebracht. Der anschließende Prozess wurde gegen „Schuckar und Genossen" geführt. Die ganze Häuserzeile auf der Südseite wurde im Zweiten Weltkrieg zerstört.

Der kommunistische Schriftsteller Jan Petersen (eigentlich Hans Schwalm) verfasste im Untergrund den 1935 im Ausland publizierten dokumentarischen Roman „Unsere Straße" über die Zeit ab 1933 in Charlottenburg. Zur Zillestraße/Ecke Zauritzweg schrieb er: „Eine Gasexplosion rasierte vor Jahren das Vorderhaus neben dem Giebel weg. Übrig blieb als kläglicher Rest nur der Haupteingang. So wurden die abgeplatzten Wände der Hinterhöfe der Straße zugekehrt." Die von einem Kriegsversehrten mit Kletterkünsten am Giebel angebrachte Aufschrift „Antifaschisten! Wählt Liste drei. KPD. Rot Front" überdauerte wegen der schwer erreichbaren Lage die Machtübernahme der Nationalsozialisten um einige Monate.

Explosions-Katastrophe in Charlottenburg
Das Unglückshaus Wallstrasse 96. Zwei Stockwerke des Hauses zerstört.

Gruss aus dem Gambrinusgarten, Charlottenburg, Wallstrasse 94.
Bismarckstrasse 22a.
Täglich
Concerte und humor. Vorträge
mit abwechselndem Programm!

Oekonom: Georg Müller.

Zander & Labisch, Phot., Berlin W.

Charlottenburg,
den 31. Juli 1898.

Auf dem rechts angrenzenden Grundstück befand sich um 1900 die Gambrinus-Brauerei mit einem Biergarten. Petersen schrieb später zu diesem Ort neben dem denkmalgeschützten Gleichrichterwerk von 1922: „Niedrige Holzhäuser ziehen sich an der linken Seite des Werkes entlang. [...] Es sind Notstandsbaracken, in den Jahren größter Wohnungsnot erbaut. Sie sind Dauerwohnungen geworden."

Das Volkshaus am Knick der heutigen Loschmidtstraße wurde für die Charlottenburger SPD vom Architekten und Bauunternehmer Kurt Berndt erbaut, der auch die Hackeschen Höfe errichtete. Zur Einweihung am 1. Mai 1902 sprach der SPD-Reichstagsabgeordnete Eduard Bernstein. Die Initiative zum Bau ging vom Charlottenburger Stadtverordneten Paul Hirsch aus, der 1918 Ministerpräsident des Freistaats Preußen wurde.

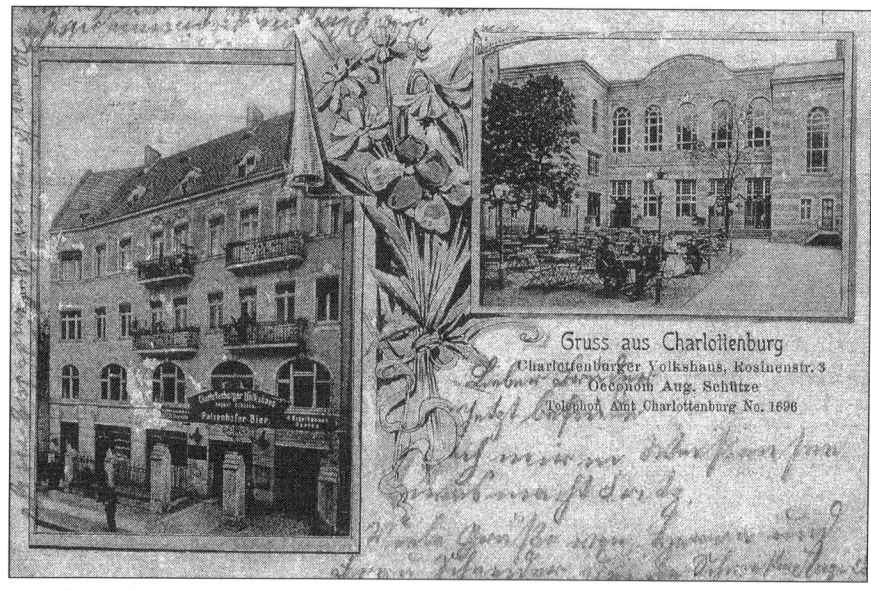

Das Vorderhaus diente als Wohnhaus, nur die erste Etage war an die Allgemeine Ortskrankenkasse vermietet. Im Hof befand sich das eigentliche Volkshaus mit Restaurant und einem Veranstaltungssaal für 690 Teilnehmer. Nach der Eingemeindung Charlottenburgs nach Berlin erwarb die Konsum-Genossenschaft das Volkshaus im Oktober 1921 und betrieb im Saalgebäude ein Warenhaus.

Charlottenburger Volkshaus, Rosinenstr. 3 ∴ Restaurant.

Interessant ist, dass die beiden am intensivsten recherchierten Publikationen zum Thema Charlottenburg, das zweibändige Werk von Wilhelm Gundlach zum 200. Jubiläum 1905 und das ebenfalls zweibändige Werk über die Charlottenburger Bauten von Wirth und Rave, das Volkshaus mit keinem Wort erwähnen. Das Gebäude wurde bei einem Bombenangriff im November 1943 zerstört. Heute befindet sich auf dem Gelände eine Jugendverkehrsschule.

Gruss vom „Volkshaus Charlottenburg"
(Oeconom: Paul Reinhardt)

Im März 1933 besetzte der „Sturm 33" (S. 97) das Volkshaus, und benannte es in „Maikowski-Kaserne" um. Regelmäßig fanden nun Folterungen unliebsamer Bürger statt, die von der Straße weggefangen und hierher verschleppt wurden. Die detaillierten Schilderungen sind nur schwer zu ertragen. Auch der vierte Sohn Wilhelms II., August Wilhelm, oft „Prinz Auwi" genannt, beteiligte sich auf Seiten der SA an den Folterungen.

Das Volkshaus war ein Treffpunkt von Gewerkschaft und Arbeiterjugend. Vor 1933 war es Standort vieler sozialdemokratischer Organisationen, wie des sozialdemokratischen Wahlvereins, dessen Mitglieder wir hier bei einem Ausflug sehen.

Beim Blick von Norden durch die Rosinenstraße (heute Loschmidtstraße) erkennt man im Hintergrund das Volkshaus. Früher verlief dort ein Abwassergraben, der wegen zu geringen Gefälles zur Verstopfung neigte. Gundlach berichtet: „[...] da der Kanal nur mit Bohlen belegt war, so entströmten ihm an heißen Sommertagen gräßliche Gerüche, daß es in der höheren Töchterschule [das heute noch erhaltene Gebäude von 1873 im Bild rechts] unter den zarten Schülerinnen wiederholt zu Ohnmachtsanfällen und Erkrankungen kam."

6

Lietzow und die Flora

Das Gebiet an der Spree bei Lietzow war bereits seit der Jungsteinzeit besiedelt, wie archäologische Funde belegen. Urkundlich wird erstmals 1239 ein Hof namens Lucene an dieser Stelle erwähnt. Aus ihm entwickelte sich das 1719 nach Charlottenburg eingemeindete Dorf Lietzow (oder Lützow), das seinen bäuerlichen Charakter zunächst behielt. Der spätere König Friedrich Wilhelm II. schenkte ein großes, an der Spree gelegenes Grundstück westlich von Lietzow 1777 seiner Mätresse Wilhelmine Encke, die weitere angrenzende Grundstücke hinzukaufte und auf dem großen Anwesen ein Palais baute. Während Wilhelmine bald nicht mehr die Geliebte Friedrich Wilhelms II. war, blieb sie bis zu seinem Lebensende seine Vertraute und wurde von ihm 1796 zur Gräfin von Lichtenau geadelt. Ihren Charlottenburger Nachbarn ist die eigenwillige Dame in schlechter Erinnerung geblieben, die, wenn man Dressel glaubt, Züge einer Querulantin hatte. Auch der Sohn des Königs, Friedrich Wilhelm III., scheint die Mätresse des Vaters gehasst zu haben. Sofort nach dessen Tod 1797 wurde Wilhelmine verhaftet und ihr Grundstück enteignet.

ALT-CHARLOTTENBURG. Park der Gräfin Lichtenau 1795, heute Charlottenburger Ufer. 0250-5.

Neben dem Lichtenau'schen Palais am linken Bildrand enthielt ihr Garten viele verspielte Details, wie das hölzerne Gotische Haus an der Spree. Das begehbare Dach bot einen Ausblick zum Schloss und zum Belvedere, von dem aus Friedrich Wilhelm II. zu den Gartenfesten in der Gondel angefahren kam. Rechts vom Gotischen Haus erkennt man die Einleitung des Schwarzen Grabens (S. 70) in die Spree.

Gruss aus Charlottenburg. Flora.

Das Gelände des Palais' Lichtenau war 1869 in den Besitz des Hamburger Bauspekulanten Carstenn gelangt. Statt es zu parzellieren, ließ er sich überzeugen, auf dem günstig gelegenen Gelände eine „Flora" zu errichten. Derartige Einrichtungen mit botanischem Garten und großer Glashalle waren kurz zuvor in Köln und Frankfurt entstanden. Bei der Charlottenburger Flora trat der botanische Aspekt gegenüber dem einer Vergnügungsstätte zurück.

Das große Restaurantgebäude wurde von Johannes Otzen geplant und von Hubert Stier verändert ausgeführt. Schon die Bauphase stand unter keinem guten Stern: Am 31. März 1873 brach ein Pfeiler zusammen und die beiden angrenzenden Wände und ein Teil der Dachkonstruktion stürzten ein. So verschob sich die Eröffnung um ein Jahr.

Der 43x25 Meter große und 23 Meter hohe Kaisersaal war der größte Festsaal Deutschlands. Otto Glagau schrieb 1876 in der „Gartenlaube": „Auch die Restauration gab lange zu klagen, bis der Inhaber an einem schönen Junitage auf die Strasse flog [...]. Sein Nachfolger ist binnen wenigen Monaten bankrott geworden, aber nicht gerade durch seine Schuld. Man hatte ihm nur die Küche überlassen, nicht die Getränke [die der Präsident des Aufsichtsrats, Pickart, auf eigene Rechnung ausschenkte]. Trotzdem musste er das ganze Heer der Kellner halten und lohnen."

Der Speisesaal (links) und der Durchblick vom Kaisersaal zum Palmenhaus (rechts). Prophetisch endet Glagau seinen Aufsatz: „Sie wird dem Schicksal des Concurses ebenso sicher verfallen, wie ihr letzter Restaurateur. Arme unglückliche Flora! Nie ist ein Weib, und dazu noch eine Göttin, so misshandelt, so schamlos ausgeplündert und bestohlen worden!"

Vom Kaisersaal blicken wir in den Palmengarten der Flora, ein 50 Meter langes und 27 Meter breites Glashaus für exotische Gewächse. Trotz doppelter Verglasung stellte die Beheizung der riesigen Halle eine besondere Herausforderung dar. Nach der Schließung 1902 fand noch die Deutsche Automobilausstellung (7. bis 22. März 1903) in der Flora und im Palmengarten statt.

Um Publikum anzuziehen gab es vor allem im Park der Flora Veranstaltungen, wie das erste Radrennen Preußens (inklusive Langsamfahrwettbewerb) oder gewagte Fallschirmsprünge von Käthchen Paulus aus einer Gondel. Nach Schließung des unwirtschaftlichen Etablissements begann die Bebauung der westlichen Parkseite bereits 1903. Das Flora-Gebäude und den Palmengarten riss man schließlich 1904 ab. Dabei kam es wiederum zu einem Halleneinsturz, bei dem elf Arbeiter verschüttet und verletzt wurden.

Einen Gruß an seine Freundin in Prenzlauer Berg sendete ein Turner, der am Vorabend den Gauturntag im Kaisersaal der Flora mit einem „feucht-fröhlichen Kommers" eingeleitet hatte. Pfiffig zitiert er das Lied, das sie soeben gesungen hatten: „*Und wer ein Lieb' sein eigen nennt, / der denkt in dieser Stund' / wie wonnig auf den Lippen brennt / ein Kuß vom süßen Mund.*"

Die Eosanderstraße – benannt nach dem Hofbaumeister am Charlottenburger Hof, dem Schweden Eosander von Göthe, der auch Teile des Schlosses und die Kammertürkenhäuser erbaute (S. 69) – durchquert heute das Flora-Gelände. Das Gebäude der Flora befand sich zwischen dem Straßenknick und der Spree.

Der hier abgebildete südliche Teil der Eosanderstraße gehörte ursprünglich zur Wilmersdorfer Straße. Früher ging diese sogar durch bis zur Spree. Die Gräfin Lichtenau (S. 109) erwirkte jedoch, dass die ihren Besitz durchschneidende Straße entwidmet und ihrem Besitz zugeschlagen wurde. Auf der rechten Seite, vom Absender der Karte markiert, erkennt man die Kunstgewerbe- und Handwerkerschule.

Die ehemalige Kunstgewerbe- und Handwerkerschule befand sich an der Eosanderstraße/ Ecke Brauhofstraße. Ein kleiner Vorgängerbau wurde 1899/1900 durch den repräsentativen Neubau des Architekten Paul Bratring ersetzt. Die Schule wurde am 22. November 1943 durch Bomben zerstört.

In einem Quergebäude der Schule entstand die modernste Bücher- und Lesehalle jener Zeit. In der Mitte der Bibliothek befand sich ein über drei Stockwerke gehender großer Lesesaal, in dem 3.000 Bände zur freien Nutzung angeboten wurden. Die Bibliothek war 1898 zunächst im alten Schulhaus in der Kirchstraße (Gierkezeile) eröffnet worden und bezog im Jahr 1901 diesen Neubau. Nach der Zerstörung des Gebäudes zog sie an den heutigen Standort im Sparkassenanbau des Rathauses.

Diagonal gegenüber der Kunstgewerbeschule sehen wir in der Mitte wohl den Wirt Wilhelm Schlak in napoleonischer Pose im Kreise seiner Familie vor der Tür seiner Eckkneipe. Im Angebot hatte er Wurstspezialitäten aus Thüringen.

Blick vom Wilhelmplatz (Richard-Wagner-Platz) nach Norden. Das Rathaus existiert bereits, nicht aber der 1912 begonnene Sparkassenanbau. Das Elektrizitätswerk steht noch einsam nördlich der Spree, links davon erkennt man den Schornstein des Kraftwerks der Straßenbahn und daneben das 1900 versetzt zur Straßenflucht erbaute hölzerne Provisorium der Caprivibrücke, benannt nach Leo von Caprivi (S. 76), das immerhin 20 Jahre überdauerte.

Das schwimmende Schifferheim, hier an der Nordseite der Caprivibrücke liegend, wurde am 13. November 1904 im Beisein der Kaiserin eingeweiht. Wie das Kreuz auf dem Vorschiff andeutet, diente es vor allem als mobile Kirche für Schiffer, aber auch als Schreib- und Lesesaal mit einer kleinen Bücherei unter der Treppe. Die Wohnung des Schiffsführers befand sich im Heck des Schiffes.

Charlottenburg, Caprivibrücke,
Charlottenburger Ufer Ecke Spreestrasse

Als Ersatz für die hölzerne Caprivibrücke wurde nach dem Ersten Weltkrieg mit dem Bau einer Stahlbogenbrücke begonnen, die 1923 eingeweiht werden konnte. Die beiden Bogenträger trennten die Fahrbahn von den seitlichen Bürgersteigen. In den letzten Kriegstagen wurde sie zerstört und 1956 durch eine Stahlbetonbrücke ersetzt, die die Winterstein- mit der Sömmeringstraße verbindet.

Entlang des Charlottenburger Ufers zweigt im Vordergrund die Lohmeyerstraße rechts ab. Im Hintergrund überspannt die Caprivibrücke die Spree. Rechts davon liegen die Gebäude des Straßenbahnhofs Spreestraße.

Als die älteste Straßenbahnlinie (S. 12) 1897 elektrifiziert werden sollte, benötigte man ein Kraftwerk, das an der Spreestraße auf dem Gelände eines neuen Straßenbahnhofs entstand. Die Physikalisch-Technische Reichsanstalt (S. 22) befürchtete Störungen ihrer Präzisionsapparate durch Oberleitungen, daher wurden die Straßenbahnen der Linie zunächst mit Akkumulatoren angetrieben, die vom Kraftwerk über Nacht aufgeladen wurden.

Der Akkumulatorenbetrieb bewährte sich nicht und wurde 1902 zugunsten einer Stromversorgung mit Oberleitungen eingestellt. Stolz präsentierten sich hier Straßenbahnschaffnerinnen, die 1916 ihre im Krieg befindlichen männlichen Kollegen ersetzten. Die Schaffnerin Emma, die offenbar ihre Familie mit versorgte, kommentierte umseitig das Bild: „Ich seh gans dof aus ich schick euch bald ein besseres wo ich mit mein Fahrmeister alleine drauf bin."

Am nördlichen Ende der Spreestraße befindet sich dort, wo die Bebauung der rechten Seite endet, der Straßenbahnhof und rechts im mit dem Kreuz markierten Haus Nr. 57 das Geschäft des Bäckermeisters Paul Richter. Auf der Karte bestellte sich wohl seine Frau gelbe Schuhe in Größe 37.

Hier blicken wir nach dem Zweiten Weltkrieg in der Gegenrichtung durch die Spreestraße, die inzwischen nach dem langjährigen Charlottenburger Stadtbaurat Hans Winterstein (1864–1946) umbenannt wurde.

Das Elektrizitätswerk der Stadt Charlottenburg wurde 1899/1900 am Nordufer der Spree, östlich der Caprivibrücke, errichtet. Den Bau leitete der Elektroingenieur Georg Klingenberg, der noch viele weitere Kraftwerke weltweit entwerfen sollte. Nach ihm benannt ist das Kraftwerk Klingenberg in Berlin-Rummelsburg. Schon kurz nach der Fertigstellung genügte das Charlottenburger Werk dem rapide steigenden Strombedarf nicht mehr und musste wiederholt erweitert werden.

Beim Blick in den Maschinenraum steht im Vordergrund ein Gleichstromgenerator für die Straßenbahn, während für die Kraft- und Lichtversorgung Drehstrom erzeugt wurde. Auf der Galerie erkennt man die Hauptschalttafel. Am 1. März 1901 waren neben knapp 20.000 Glüh-lampen auch 97 Motoren und Apparate mit zusammen 570 PS angeschlossen, mehr als ein Viertel der Leistung benötigten Aufzugsmotoren.

120

Um 1911 wurden für die Beförderung der Kohle eine Hängelorenbahn und ein fahrbarer Ufer-kran installiert. Hier ist um 1916 bereits ein zweiter Kran hinzugekommen. Seit 1912 erhält das Rathaus Charlottenburg Heißwasser-Fernwärme vom Elektrizitätswerk. Jan Petersen schreibt um 1933: „Eine große Brücke überspannt die Spree. Links schwanken Bogenlampen auf der Kaimauer. Ein großer Kran fährt lautlos hin und her, steckt seinen Greifer tief in die Lastkähne."

Die alten Blechschornsteine wurden 1928 durch einen 125 Meter hohen, geklinkerten Schornstein ersetzt. Laut der rückseitigen Bildaufschrift war er damals der höchste Schornstein Berlins und der „weiteste Euro-pas". Vor wenigen Jahren wurde er abge-tragen. Jan Petersen schreibt weiter: „[...] Dahinter stehen lange erleuchtete Werks-hallen. Aus ihrer Mitte stößt ein riesiger Schornstein in den Abendhimmel. Die Lauf-katzen der Koksschwebebahn kreischen. Es ist das Elektrizitätswerk Charlottenburg am Spreebord."

Charlottenburg   (Kirche zum guten Hirten)

Die erste katholische Gemeinde Charlottenburgs gründete sich 1845. Nachdem sie zeitweise die evangelische Lützowkirche mitnutzen durfte, errichtete sie 1857 eine erste Kapelle am Anger. Hubert Stier, der Baumeister der Flora, errichtete 1877 wenige Häuser entfernt die Herz-Jesu-Kirche am heutigen Standort.

Charlottenburg
Herz-Jesu-Kirche
Innenansicht

Der aus Schlesien stammende Bernhard Lichtenberg (1875–1943) war von 1913 bis 1930 Pfarrer in der Herz-Jesu-Gemeinde. Während viele Priester sich mit den Nationalsozialisten arrangierten, blieb Lichtenberg standhaft und schloss in seine Predigten und Gebete auch „Nichtarier" und verfolgte Juden ein. Von zwei Studentinnen denunziert, wurde er 1941 verhaftet und verurteilt und starb nach Verbüßung der Strafe auf dem Transport ins Konzentrationslager Dachau.

St. Josefsheim, Charlottenburg, Lützowerstr. 1a
Postscheckkonto: Berlin Nr. 458

Das St. Josefsheim, ein Kinderheim, wurde 1905 von der katholischen Kirche auf einem Nachbargrundstück der Kirche eröffnet und besteht noch heute. Die Ansichtskarte ist ein 1929 versandter Weihnachtsgruß mit der Bitte um Spenden.

Charlottenburg   Am Lützow

Blick über den Anger des ehemaligen Dorfes Lietzow. Im Hintergrund erkennen wir links die Herz-Jesu-Kirche und in der Mitte das Feuerwehrgebäude. Im Vordergrund sieht man die kleine evangelische Lützowkirche, die 1850 auf den Grundmauern der alten Lützower Dorfkirche von August Stüler errichtet wurde. Die kleine evangelische Kirche war später oft überfüllt.

Das heute vom Malteser-Hilfsdienst genutzte Gebäude hatte Paul Bratring (1840–1913) errichtet und 1889 fertiggestellt. Ein zentrales Gebäude war erforderlich geworden, da die immerhin 47 Mann umfassende Berufsfeuerwehr und ihre Ausrüstung auf mehrere Standorte verteilt waren. Bratring war seit 1881 auch Stadtverordneter in Charlottenburg. Vielleicht ist es kein Zufall, dass in den 1890er-Jahren nur wenige Aufträge für öffentliche Bauten nicht an Bratring gingen.

Hier sehen wir zeitgenössische Löschfahrzeuge anlässlich der Deutschen Feuerwehrtage vom 9. bis 12. Juli 1898 vor der Charlottenburger Feuerwache. Der zu diesem Anlass herausgegebene, gut recherchierte Führer durch Charlottenburg liefert wertvolle Informationen zum Zustand der Stadt vor der Jahrhundertwende.

Das als Palais Wrangel bekannte repräsentative Gebäude, das wir links neben dem Feuerwehrhaus in Gesamtansicht sehen, wurde 1870/71 für die Frau des Generals Karl von Wrangel auf ihrem elterlichen Grundstück von Johannes Otzen errichtet. Die Familie scheint das Haus jedoch nie bewohnt zu haben. Sie verkaufte das Haus um 1890 an die katholische Kirche, die es für verschiedene Zwecke nutzte. Hier sehen wir den Eingang zur Gaststätte um 1905. Nach 1933 fanden hier illegale Treffen des katholischen Arbeitervereins statt.

Die Charlottenburger Bürger stifteten das Löwendenkmal zu Ehren ihrer in den Kriegen von 1864, 1866 und 1870 gefallenen Mitbürger. Beauftragt wurde Hubert Stier, der kurz darauf auch die Herz-Jesu-Kirche errichtete. Das 1875 eingeweihte Denkmal war lange Zeit ein bevorzugtes Ziel patriotischer Umzüge. Am anderen Ende des Angers sehen wir die Stüler'sche Lützowkirche.

Als Ersatz für die mit 300 Plätzen zu kleine Lützowkirche wurde 1911 eine neue Kirche für über 800 Gläubige nach Entwürfen des Baurats Kröger am selben Ort eingeweiht. Im November 1943 wurde diese Kirche zerstört und 1961 durch einen wieder kleineren Neubau ersetzt.

Der Blick von oben gibt einen guten Eindruck des Platzes, der lange „Am Lützow" hieß, mit der Kirche im Vordergrund und der Denkmalsanlage, durch einen Baum verdeckt, im Hintergrund. Rechts daneben erkennen wir die Stirnseite des Feuerwehrgebäudes. Die Ansicht ist, ebenso wie die obige Ansicht, umseitig auf 1930 datiert.

Während einer Schießerei vor dem SA-Sturmlokal des Wirtes Krösler, Röntgenstraße 12 (das Lokal „Zur Altstadt" war wegen der häufigen Gewalttaten zeitweise geschlossen), wurde am 29. August 1932 der SA-Mann Herbert Gatschke erschossen. Im Prozess gegen neun Kommunisten stellte sich heraus, dass die Schüsse aus Richtung des Sturmlokals kamen. Im Gegensatz zum späteren Maikowski-Prozess (S. 100) wurden die Angeklagten freigesprochen. Den Hinweisen auf einen Täter aus Kreisen der Nationalsozialisten ging man jedoch nicht nach.

Am Ende der Röntgenstraße überquert die Röntgenbrücke die Spree. Für eine Gasleitung errichtete man 1897 eine Holzbrücke. Die Abbildung zeigt die 1908 erbaute Nachfolgerbrücke, die Ende des Zweiten Weltkriegs von der Wehrmacht gesprengt und 1960 durch die heutige Spannbetonbrücke ersetzt wurde. Der Blick geht zurück nach Lietzow in die Röntgenstraße.

Die Heimat entdecken!

Von Kiel bis Wien,
von Aachen bis Görlitz:
Entdecken Sie Alltagsgeschichten
aus Ihrer Heimatstadt!

Leben in der Großstadt ...

Tauchen Sie ein in das quirlige Großstadtleben vergangener Tage. Spazieren Sie über
breite Boulevards und stürzen Sie sich ins Nachtleben. Erkunden Sie ihre Stadt durch die
Fensterscheiben einer Straßenbahn oder des ersten Käfers und bewundern Sie prächtig
geschmückte Schaufenster.

... und ländliche Idylle

Wie sah das Leben in Ihrer Heimat aus, als die Bauern noch mit Pferden pflügten und jedes Dorf seinen eigenen Schmied hatte, jeder noch jeden kannte und das Leben sich zwischen Kirche, Wirtshaus und Wohnküche abspielte?

www.suttonverlag.de

Erinnerungen an die Schulzeit ...

Erinnern Sie sich noch an die Zeiten von Abakus und Schiefertafel, an Klassenausflüge oder den ersten Taschenrechner? Blicken Sie zurück auf große Klassen und gestrenge Schulmeister, entdecken Sie auf Klassenfotos Freunde und Bekannte von früher!

... und das Arbeitsleben

Entdecken Sie, wie sich das Arbeitsleben in den letzten hundert Jahren verändert hat. Werfen Sie einen Blick in Fabrikhallen, blicken Sie Handwerksmeistern bei ihrer Arbeit über die Schulter und erinnern Sie sich an den Einkauf im Tante-Emma-Laden.

Gesellige Stunden im Verein ...

Fußballclub und Schützenverein, Musikkapelle und Gesellenverein: Schauen Sie zurück auf Volksfeste und Turniere, Chorproben oder Prunksitzungen. Erinnern Sie sich an schöne Stunden und das gesellschaftliche Leben in Ihrer Heimat.

... und im Familienkreis

Werfen Sie einen Blick in die Wohnzimmer vergangener Tage und entdecken Sie, wie sich zwischen schweren Eichenmöbeln, Nierentischen und Ikea-Regalen der Alltag verändert hat. Erleben Sie Familienfeiern und Weihnachtsfeste im Wandel der Jahrzehnte mit.

Alltagsgeschichte in historischen Fotos zu über 1000 Regionen, Städten und Gemeinden

Bestellen Sie jetzt
Ihr persönliches Exemplar auf

www.suttonverlag.de